詩說歷史

張之傑 著

臺灣商務印書館

獻詞

謹以此書，獻給我的文史啟蒙導師——先父浥泉（注恩）公

辛序

《詩說歷史》品讀有感

辛鬱

歷史為人類活動的真實記錄，雖為「過去」的人與事，卻是人類「現時」最具鑑照作用的一面明鏡。在文學中，歷史被以重要素材而書寫，「詩」以其形式簡潔更成為歷史的載具。當然，在被書寫時，為了求其「美化」，而略作修飾，是必要的。

最近，我友張之傑先生，以所寫的「詩說歷史」稿本相贈，附函囑為寫序。坦白說，我寫新詩雖常以「現實」為素材，但能否在許多時日後成為「歷史」，則不敢奢想，所以之傑兄囑寫讀後感，心中實在惶恐。

張之傑是一位勤奮的多方面作家，以寫作科普及研究科學史見長。但執筆多年來所寫的小說、散文、隨想等，亦有多冊出版，成就卓著。他本身主修生物學，曾在大學任教，並長期任職出版界。在出版方面，他有「高手」、「能者」之稱。因為他曾主持兩家大型出版公司編務，先後策劃編輯過多套科學和人文叢書，還包括百科全書、百科大辭典及多種大部頭畫冊。

為科學普及，張之傑投入極深，《科學月刊》早期，他是重要成員之一，曾在《科學月刊》工作兩年多才暫離，後來復歸義工群，直到現在。

張之傑於二〇〇五年四月退出職場，原計劃專事文學創作，但實踐結果，自認已過了文學創作的年齡，他懊惱地說：「只有學術論文和雜文不退反進。」自二〇〇九年元月起，他在《小達文西》撰寫專欄「詩說歷史」，到今年十二月刊完，前後五年，經過增補，現將結集出版。這不僅顯現他創作的多面向，更展露他旺盛的創作力。而《詩說歷史》更是近現代文學發展方面，特別是詩歌（包括新舊體）發展史上，罕見的創舉，令我十分欽佩。因此無論我多麼缺乏這方面的認知，站在多年來從事新詩寫作的位置上，我願盡力以赴，寫一點讀後感，達成之傑兄的囑託，以不負他對我的看重。

詩言志，自古皆然，並因為言志，而有多方面的表現。而歷史作為詩的表現內涵之一，也早在人的活動被文字記載之後，就一一生發。張之傑博覽眾書，胸羅萬象，何況他早就懷抱濟世之志，多年來的所作所為，都在為他所見的人世敗象，盡其療傷救疴的責任。因此，當他發現歷代詩家，不論有無名籍，凡在詩作中表現出對所處時代的關懷，就深烙在心。久而久之，這些烙印成為他生命中極大的負擔。於是，他選擇了把這些印記加上個人體會、感想，一一寫出；一方面減輕心中重負，另一方面則希望能提供他人在讀後有所警惕。《詩說歷史》大概在這種情況下產生。

我必須說，這樣的書，難寫！因為它不論取材、敘寫，都得兼顧理性與感性這兩種心態活動，而且更需要兼顧通俗典雅。理性，是要讓讀者知道為什麼要選用這篇詩，感性則要怎樣打動讀者的興趣。通俗是要讀者讀懂，典雅則讓讀者讀懂之後品嘗回味，不忍釋手。

張之傑在這方面做到了，而且做得極具創意；這也就是說：他闢建了一條寫作體例。文體的獨具一格，使《詩說歷史》這本書，顯得非常難能可貴。而在內涵上，作者也煞費苦心，作了適度的分布。

《詩說歷史》計六十篇，從上古寫到辛亥革命，時空區隔遙遠。事實上，除主選詩詞外，在每篇文章中，尚有多篇歷代詩作被引用，足見閱覽之廣，用心之深。細品這些篇章，我一方面沉緬於多樣的時空回望中，感謝那些詩家寫出這麼發人深省的詩篇。更感謝張之傑這位有心人，以嚴謹的寫作態度，細緻流暢而又筆底常帶感情，為我們一一解析這些作品，導我們進入詩家的內心，更進入歷史鑑照裡，看見了自己與自己所處的時代。

自序

任何事離不開因緣。遠在一九六九年，筆者還是研究生時，一日在牯嶺街舊書攤看到一本日文書，內容是以一首首唐詩，串起一部唐史。我不懂日文，但引述的詩句全是漢字，一眼就看出箇中訣竅。這一四十年前的因緣一直深埋心底，到了二〇〇九年元月，因緣和合，當年種下的種子開始萌芽了。

筆者於二〇〇五年四月退出職場，原計劃專事文學創作，這是年輕時的夢，但實踐起來卻讓人氣餒：散文枯燥無味，小說舉步維艱，只有學術論文不退反進。我是否已過了文學創作的年齡？就在左衝右突的時候，世新通識中心主任羅曉南教授到科學月刊社尋求師資，我被邀去兼課；老同事蕭淑美、許玉敏分別成為大型出版公司的總編輯，他們邀我去上個小班。計劃已久的退休計劃，由於江郎才盡不得不有所改變。

二〇〇五年六月，暢談文化公司（總編輯蕭淑美）展開大型出版計劃《新視野學習百科》（一〇〇冊）。我對百科全書有點經驗，應邀參與這個計劃，前後整整三年。暢談還經辦一份少兒刊物《小達文西》（月刊），主編巫紅霏也是老同事，我常為這個刊物寫稿。二〇〇八年底《新視野學習百科》計劃結束，我向蕭淑美、巫紅霏提出為《小達文西》開設專欄的設想，承蒙兩位老同事認可，從二〇〇九年元月號起「詩說歷史」正式登場。

「詩說歷史」的整體構想是：根據時代先後，用詩詞串起一部國史。至於將寫幾篇？如何取捨？只能且戰且走。筆者腹笥有限，有些重要歷史事件如找不到詩詞可按，只好作罷。大約寫滿兩年，才估計要寫五年。「詩說歷史」起初每年刊出十二篇，第三年起改為十一篇（元月號暫停），如寫滿五年，就要寫五十七篇，才能從上古寫到辛亥革命。

至於「詩說歷史」出書，則另有因緣。二〇一一年，科學月刊（下稱科月）與臺灣商務印書館達成協議，選取科月已刊出文章，供商務出版「科普館叢書」。筆者參與編選工作，因而結識了總編輯方鵬程、主編葉幗英和編輯徐平。二〇一二年七月間，方總編對我說：「您如有自己寫的書稿，可交給我們看看。」從二〇〇五年退出職場以來，每年發表兩三篇學術論文，十幾篇雜文，就是沒好好經營一本書！但我想起「詩說歷史」，就簡要地介紹給方總編，又說：「整個寫作計劃明年底完成，待我整理成適合成人閱讀的讀物時，再提交幾篇給貴館審查。」

今年（二〇一三年）五月間，舊稿已大致整理就緒，五月二十五日寫信給方鵬程總編輯：

曾經向您報告過的《詩說歷史》，目前已有五十三篇，預計今夏可以寫成六十篇（寫到辛亥革命）。所有的工作預計於今秋完成。《詩說歷史》原是為少兒刊物《小達文西》寫的專欄，從二〇〇九年元月寫起，至今已寫到第五年，今年十二月刊完。最近統整舊稿，增補內容，無論是形式還是內容已都不像少兒讀物。寄上其中六篇，請核閱。如有任何問題，請提出，以便改進。

當天收到方總編回信，說將提交編輯會議討論。五月三十一日，編輯徐平先生來信告知好消息，編輯會議已通過，方總編也來信說：

《詩說歷史》別具風格，將歷史上的名詩與大事結合，相信對一般讀者會有所啟發。我們敬候大作撰寫完成。

六月中旬學校的課結束，開始積極整理、增補。我以四週的時間，趕完還沒刊出的五篇，以及補寫三篇、更換兩篇。從七月中旬起，展開配圖工作，又耗時四週，至八月十四日完成。八月十五日，到台大醫院看健檢報告，不知是遭到感染，還是兩個多月來的勞累，翌日竟然發起燒來，上吐下瀉，像是重感冒和急性腸胃炎同時報到！我有不祥的感覺，急忙告訴內人「詩說歷史」的檔案位置，如真的病倒，請她代為交給商務。內人連聽都不願意聽，就說：「你神經了！」的確，當我全力做一件事，一向將每一天視為人生的最後一天。從今年六月中旬至今，心中念茲在茲，唯有《詩說歷史》。

然而，暑期以來念茲在茲的《詩說歷史》，愈到收尾階段，愈覺得不足。整體來說，篇數應該擴增到一〇〇篇，才能體現一部較完整的國史。現有的六〇篇，至少有二〇篇應該重寫，才能使水準整齊劃一。但我累了，很累了，已沒有餘力大動干戈。

（民國一〇二年八月二十五日於新店蝸居）

目錄

帝力於我何有哉——帝堯和帝舜

我們常用「堯天舜日」來形容政治清明。堯、舜是四千多年前的人物，當時可能還沒有健全的文字，有關堯、舜的治績，只能從一些傳說和後人偽託的著作中揣摩一二。

堯舜之治何以受到後世嚮往？後人偽託的〈擊壤歌〉或許可以給出部份答案。這首古歌揣想一位堯、舜時期的農夫，農閒時坐在田頭上，一面拍打著土壤，一面隨著拍子怡然自得地唱道：

> 日出而作，日入而息。
> 鑿井而飲，耕田而食。
> 帝力於我何有哉？

前四句描寫悠然自在、無憂無慮的田園生活，最後一句是這首古歌的「詩眼」。堯、舜之所以受到人們稱道，是因為他們不干涉人民的日常生活。換句話說，老百姓受到政府保護，但不會受到無謂干涉。「帝力於我何有哉？」（帝王的權力和我有什麼關係呢？）一句平淡無奇的話語，卻道盡國人幾千年來的深沉期盼！

近代的政治學理論也說明，政府的職責，不是多管事，而是在維持社會安定、提供人民自謀福利的前提下盡量少管事。所謂仁政，就是同意的干涉、最少的干涉；所謂暴政，就是專橫的干涉、過多的干涉。一部二十五史，仁政少，暴政多！堯、舜落實無為而治，難怪成為人們心目中的政治典範。

還有一首後人偽託的堯、舜古歌〈卿雲歌〉，也可反應堯天舜日：

卿雲爛兮，糺縵縵兮。
日月光華，旦復旦兮。

這首歌藉著讚美燦爛的雲彩，引申讚美日來月往、天長地久。遙想堯、舜盛世，政治社會穩定，民生和樂幸福，生活就像日升日落般可以預期，不必憂慮未來會有戰爭等不可預期的動盪。看似平淡的四句話、十六個字，卻深刻地描繪出太平歲月尋常百姓的生活樣貌。

〈卿雲歌〉曾經作為北洋政府時期的國歌，但北洋時期軍閥混戰，民不聊生，人們朝不保夕，沒人能夠預期未來，也許一覺醒來又換了督軍，現實和這首古歌的意境相去何止千里！

根據「夏商周斷代工程」，大禹建立夏朝大約是西元前二○七○年的事。大禹之前，有所謂的「三皇五帝」。三皇一般指伏羲氏、神農氏、燧人氏，五帝一般指黃帝、顓頊、帝嚳、帝堯、帝舜。

根據《史記．五帝本紀》，帝嚳死後，其子帝摯繼位。堯的道德、能力出眾，帝摯在繼位九年後禪讓給堯。堯建都平陽（今山西臨汾），他當上天下共主後，仍勤於政事，過著簡樸的生活。他設置諫鼓，讓一般人都能對國事發表意見。他樹立謗木，鼓勵百姓批評自己。他輕徭薄賦，深受百姓愛

山東嘉祥武氏墓畫像石帝堯像，作於151年。（維基百科提供）左側刻「帝堯，放勳，其仁如天，其知如神，就之如日，望之如雲」。

戴。他提倡道德，使各部族相處融洽，天下萬國和諧一致。

孔子對帝堯稱道備至，《論語・泰伯》：「大哉堯之為君也，巍巍乎，唯天為大，唯堯則之。蕩蕩乎，民無能名焉。」意思是說，天有多大，帝堯就有多大，他的偉大無可名狀。綜觀整部《論語》，被孔子這樣稱讚的只有帝堯一人。

帝堯到了晚年，鑑於其子丹朱難當大任，就把天下共主的位子讓給舜。舜建都蒲阪（今山西永濟），他讓禹負責治水，棄負責農業，契負責教化，臯陶負責司法，垂掌管百工，益管理山林，伯夷主持禮儀，夔掌管音律，龍負責收集意見，其中以禹的貢獻最大。帝舜到了晚年，覺得自己的兒子不肖，就把共主之位讓給聲望最高的禹。

孔子對舜的稱道，見《論語・衛靈公》：「無為而治者，其舜也與？夫何為哉？恭己正南面而已矣。」孔

明弘治十一年（1498）刊刻《歷代古人像贊》帝舜像。左側題詞：「禪受光明，心學切要，九官公忠，萬世大孝。」

子以帝舜作為無為而治的典範，他做了什麼?在孔子看來，不過安於職份地當他的君王罷了。在欠缺制衡的年代，讓君主安於職份是何等困難啊!

帝堯和帝舜都將人民的福祉置於一己利益之上，兩人都有高超的道德和高超的能力，難怪會成為聖君的代表。

（本篇參考曾雍也《明天的中國》政治篇第一章，香港明報出版社，一九六五年。）

夏商周斷代工程

中國號稱有五千年歷史，但確切紀年卻始自周昭共和（前八四一），在這之前，年代皆模糊不清。一九九五年，大陸國家科委宋健提出夏商周斷代工程的設想。一九九六年五月正式啟動，屬於「九五計劃」國家重點科技項目，直接參與的歷史學家、考古學家、天文學家、科技定年學家達兩百人。二〇〇〇年九月，報告簡本通過驗收；十一月公布「夏商周年表」，定夏約始於元前二〇七〇年，夏商分界大約在元前一六〇〇年，盤庚遷都約在元前一三〇〇年，武王伐紂定為元前一〇四六年。由於遭到國內外學者質疑，報告繁本迄未通過。在沒有更確切的依據前，上述年表仍有參考價值。

麥秀漸漸兮，禾黍油油——武王伐紂和西周滅亡

紂王是商朝的最後一個王。他頗有軍事才能，曾平定東夷，使商朝的勢力擴大。但他不顧人民死活，過著「酒池肉林」的生活。他的寵妃妲己，長得美如天仙，可是常常教唆紂王做壞事，據說酷刑「炮烙」，就是她想出來的。

紂王的倒行逆施，弄得天怒人怨。當時西伯（西方的諸侯）姬昌（文王）深得民心，和紂王的暴政形成強烈對比。紂王的庶兄微子屢勸不聽，就悄然離開了。他的另一位庶兄箕子，屢次婉言相勸，紂王不耐煩，就貶他當奴隸。紂王的叔叔比干直言進諫，紂王大怒，說：「聽說聖人的心有七個竅，給我挖出來看看。」被剖心而死。孔子對微子、箕子、比干極為稱道，《論語・微子》：「微子去之，箕子為之奴，比干諫而死。孔子曰：殷有三仁焉。」

後來文王得到姜尚的輔佐，國勢愈來愈強，到了兒子姬發（武王）即位，認為時機成熟，就會合八百諸侯，舉行誓師大會，接著在牧野地方會戰，紂王的軍隊紛紛倒戈，紂王

自盡，商朝滅亡，姬發建立了周朝，建都鎬京，據「夏商周斷代工程」，時約西元前一〇四六年。

周武王得到天下，對箕子十分敬重，把他分封到朝鮮。過了幾年，箕子進京朝見周王，經過昔日的京城朝歌，發現宮廷已淪為廢墟，長滿麥子和小米，他傷心極了，就吟出傳頌千古的〈麥秀歌〉：

麥秀漸漸兮，禾黍油油。
彼狡童兮，不與我好兮。
（麥子一望無際啊，小米綠油油。那壞小子啊，不聽我的好意相勸啊！）

古歌中的「壞小子」，指的就是

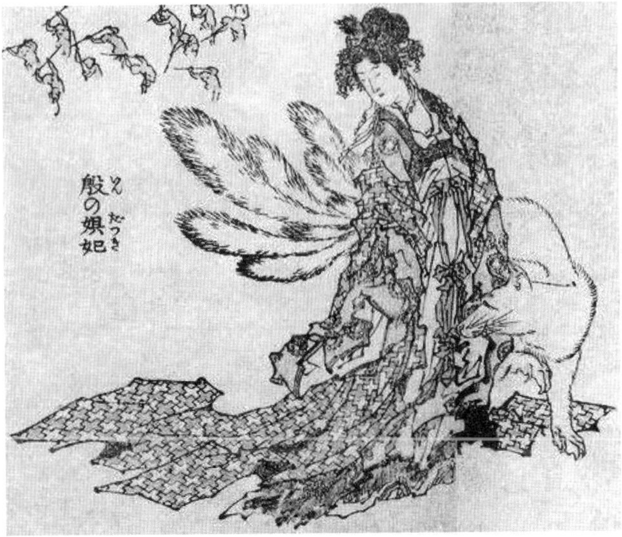

日本江戶後期浮世繪畫師葛飾北齋（1760～1849）作〈殷の妲妃〉，傳說妲己為九尾狐狸變化而成。（日文版維基百科提供）

紂王。據說商朝遺民聽了，無不為之落淚。箕子朝周，作麥秀歌，載《尚書・大傳・商書・微子》及《史記・宋微子世家》。

從文王開始，周朝傳了十三世，到了幽王。周幽王重用貪婪的奸臣虢石父，朝政腐敗，又遇到頻繁的天災，激起人民怨恨。這還不說，她的寵妃褒姒，長得傾國傾城，但很少露出笑容。為了博取美人一笑，虢石父獻計點起烽火，讓各路諸侯前來救援，褒姒看到諸侯被戲弄的樣子，果然笑了。

後來周幽王把王后（申后）及太子宜臼廢了，立褒姒為后，立褒姒的兒子伯服為太子。申后帶著宜臼逃回娘家，申侯覺得自己的女兒和外孫受到委屈，就公然反抗幽王。

周幽王大怒，準備討伐申國。西元前七七一年，申侯聯合西方的游牧民族犬戎，進兵鎬京。幽王點燃烽火，諸侯以為又要戲弄他們，無一前來救援，結果幽王、虢石父、伯服被殺，西周就滅亡了。太子宜臼遷都洛邑，是為平王，從平王起，史稱東周。

西周滅亡後，昔日繁華的鎬京荒廢了，長滿了莊稼。一位西周的遺民看到廢城的淒涼情景，仿照〈麥秀歌〉作了首詩，後來被收入《詩經・王風》，這就是有名的〈黍離〉。

彼黍離離，彼稷之苗。行邁靡靡，中心搖搖。

（小米茂密，那是黏米的苗；行步踉踉蹌蹌，心裡很難平靜。）

知我者，謂我心憂；不知我者，謂我何求。悠悠蒼天，此何人哉！

（了解我的，知道我的憂愁。不了解我的，還以為我有什麼追求。悠悠蒼天啊，人們怎麼變成這樣呢！）

彼黍離離，彼稷之穗。行邁靡靡，中心如醉。

（小米茂密，那是黏米的穗；行步踉踉蹌蹌，心裡像醉了般。）

知我者，謂我心憂；不知我者，謂我何求。悠悠蒼天，此何人哉！

彼黍離離，彼稷之實。行邁靡靡，中心如噎。

（小米茂密，那是黏米的種子；行步踉踉蹌蹌，心裡像噎住般。）

知我者，謂我心憂；不知我者，謂我何求。悠悠蒼天，此何人哉！

〈黍離〉和〈麥秀〉都是感嘆亡國，因而「黍離麥秀」已成為一個成語，用來表示亡國的哀痛。

交交黃鳥——《詩經》與五霸

西元前六二一年，春秋五霸之一的秦穆公去世，殉葬者一七七人，其中有秦國大夫子車氏三兄弟——奄息、仲行和鍼虎，秦人萬分悲痛，賦〈黃鳥〉之詩：

交交黃鳥，止於棘。誰從穆公？子車奄息。維此奄息，百夫之特。臨其穴，惴惴其慄。彼蒼者天，殲我良人。如可贖兮，人百其身！

交交黃鳥，止於桑。誰從穆公？子車仲行。維此仲行，百夫之防。臨其穴，惴惴其慄。彼蒼者天，殲我良人。如可贖兮，人百其身！

交交黃鳥，止於楚。誰從穆公？子車鍼虎。維此鍼虎，百夫之禦。臨其穴，惴惴其慄。彼蒼者天，殲我良人。如可贖兮，人百其身！

詩中的「棘」，指酸棗樹；「楚」，指荊樹。棘、桑、楚，音義都有悲悽的意涵。詩中的「特」，意為特殊，「防」與「禦」意為相當。讓我們試譯第一段：

交交鳴叫的黃鳥，停棲在酸棗樹上。誰為穆公殉葬？子車氏的奄息。這位奄息啊，可是百中選一。走近他殉葬的墓穴，早已惴惴顫慄。蒼天啊，怎麼殺了我們的好人。如可以贖命，願出一百條命換他回來！

1994 年上海博物館從香港購得一批竹簡，原出土地判斷為故楚地，《孔子詩論》為其中之一，是已知最早的討論《詩經》的著作。圖中竹簡編號 22。(英文版維基百科提供)

這首〈黃鳥〉被收入《詩經・秦風》，除了見證一段史實，也說明到秦穆公時，周王室的采風活動仍在進行。《詩經》共三百零五篇，分為風、雅、頌三部分。風主要是民歌，采自十五國，都在黃河流域，也就是陝西、河南、山東、山西一帶。采風不及於長江流域，所以《詩經》沒有「楚風」。

周平王東遷（前七七一），進入春秋時期，起初周天子仍維持形式上的共主地位。《毛詩正義》說：「五霸之末，上無天子，下無方伯，善者誰賞？惡者誰罰？綱紀絕矣。」疏：「此言周室極衰之後不復有詩之意。」五霸之後，不再有霸主維持秩序，周天子連起碼的權威都沒了，以周王室為中心的采風活動自然中止。

春秋五霸有好幾種說法，《史記》的說法是：齊桓公、秦穆公、晉文公、宋襄公和楚莊王。五霸之首的齊桓公（？～前六四三），以管仲為相，以「尊王攘夷」相號召。孔子稱讚管仲：「管仲相桓公，霸諸侯，一匡天下，民到於今受其賜。微管仲，吾其被髮左衽矣。」可見齊桓公的尊王和攘夷，並非只是口號。

西元前六六〇年，北方的狄人入侵衛國，以好鶴聞名的衛懿公被殺，衛國人逃到宋國的曹邑寄居。齊桓公派兵到曹邑協防，贈送車馬牲畜，並為之築城，讓流離失所的衛國人得以安居。《詩經・衛風・木瓜》，據說就是衛國人歌頌齊桓公的：

投我以木瓜，報之以瓊琚。匪報也，永以為好也。

投我以木桃，報之以瓊瑤。匪報也，永以為好也。

投我以木李，報之以瓊玖。匪報也，永以為好也。

詩中的瓊琚、瓊瑤、瓊玖，都指美玉。你贈我尋常的果品，我回報各種美玉，以詩表達與齊國永世交好的心願。詩中的木瓜，屬薔薇科，並非我們常吃的番木瓜。

齊桓公去世，宋襄公（？～前六三七）希望繼承霸業，但敗於楚國，圖霸未成。《詩經・衛風・河廣》，據說是他母親寫的：

誰謂河廣，一葦杭之。誰謂宋遠，跂予望之。

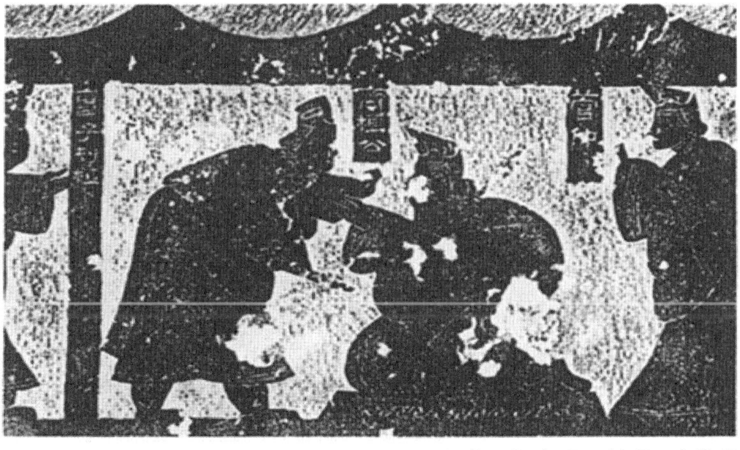

山東武氏祠漢畫〈齊桓公與管仲〉，繪齊魯「長勺會盟」情景。（維基百科提供）

誰謂河廣，曾不容刀。誰謂宋遠，曾不崇朝。

詩中「曾不容刀」，亟言黃河窄而易渡。宋襄公的母親宋桓夫人，和作〈鄘風．載馳〉的女詩人許穆夫人是姐妹。宋桓夫人不知何故被宋桓公休了，宋襄公當上國君，作母親的卻在衛國，寫下這首雋永深刻的小詩。

五霸中的晉文公（前六七一～前六二八），名重耳，因其父（晉獻公）寵愛驪姬，他遭到迫害，流亡齊、宋、鄭、楚等國，後來到了秦國，受到秦穆公款待，還把女兒嫁給他。秦、晉兩國世代聯姻，秦穆公就娶了晉獻公的女兒。

西元前六三六年，秦穆公護送重耳回國即位。西元前六三五年，晉文公平定周朝內亂，迎接周襄王復位。西元前六三三年，楚國侵宋，晉文公於城濮之戰大敗楚軍。翌年大會諸侯，成就霸主事業。

《詩經．秦風．渭陽》據說和晉文公有關，詩曰：

我送舅氏，曰至渭陽。何以贈之？路車乘黃。
我送舅氏，悠悠我思。何以贈之？瓊瑰玉佩。

詩中的舅氏，指晉文公。晉獻公將女兒嫁給秦穆公，生了康公。重耳將返晉國，時為太子的康公，送舅舅重耳到渭水之陽，臨別作了此詩。

當然了，衛風中的〈木瓜〉或許只是首情詩，〈河廣〉可能是某位宋國人的思鄉之作，秦風中的〈渭陽〉可能只是歌詠甥舅情誼；不過秦風中的〈黃鳥〉確切和秦穆公有關。如果采風止於「五霸之末」的說法正確，從西周延續至東周的采風活動大約西元前六〇〇年左右中止。孔子晚年整理古籍時，《詩經》已成為古文獻，「定稿」至少一百年了。

十年孤憤棲吳苑，雙眼分明見越兵——吳越之爭

五霸爭雄的時候，位於現今江蘇南部的吳國，和位於現今浙江北部的越國，都還相當落後，任誰也想不到，到了春秋中期，兩國竟然相繼成為強權，關鍵人物是兩位楚國人：伍子胥和范蠡。

西元前六三二年，晉文公於城濮之戰大敗楚軍，接下去進入晉、楚相爭階段。西元前五八四年前後，晉國定下扶持吳國的大戰略，讓吳國牽扯楚國，但吳國成為舉足輕重的強國，是伍子胥到吳國以後的事。

伍子胥（？～前四八四），楚國人，父親伍奢，是楚國太子的老師。西元前五二二年，昏庸的楚平王懷疑太子圖謀不軌，伍奢受到牽連，和他的長子一起被殺。伍子胥只好逃亡，他先逃到宋國，再逃到鄭國，因故遭到鄭國緝拿，只好再次逃亡。他聽說吳國和楚國為敵，就決定逃往吳國，過昭關時，傳說一夜之間白了頭髮！過了昭關，又前有大江、後有追兵，幸賴一位漁翁搭救，才到達吳國。

日本幕末、明治初期浮世繪畫家月岡芳年《月百姿・淮水月・伍子胥》，作於 1887 年。描繪淪為乞丐的伍子胥，出昭關後前有淮水，後有追兵情景。（維基百科提供）

伍子胥到了吳國，結識了勇士專諸，接著又結識了吳王僚的侄子公子光。伍子胥看出公子光有野心，就把專諸介紹給他，密謀奪取王位。西元前五一五年，吳王僚遭專諸以「魚腸劍」刺殺，公子光登上大位，是為吳王闔閭。

闔閭重用伍子胥，伍子胥推薦的齊國軍事家孫武也受到重用。來自楚國的伯嚭，也得到重用。在這些外來人才的輔佐下，吳國逐漸強大起來。這時楚國因長期與晉國作戰，加上政治腐敗，國力已大不如前。伍子胥提出「疲楚誤楚」的策略，將軍隊分成三支，輪番騷擾楚國，一方面讓楚國疲於奔命，一方面讓楚國誤以為吳國只敢騷擾而已。這種戰略連續執行六年，楚國日漸耗弱，吳國日漸壯大。

西元前五〇六年秋，楚國侵犯吳國的保護國蔡國，吳王闔閭傾全國軍力攻楚，同年十一月就攻下郢都（今湖北江陵），孫武和伍子胥因而名震天下。這時楚平王已死，伍子胥鞭屍洩忿。若非申包胥趕往秦廷哭了七天七夜，借兵退吳，楚國就此亡國。

秦國出兵，加上越國趁機偷襲，吳王闔閭被迫撤軍。此後吳、越間的嫌隙加深，西元前四九六年，越王勾踐即位，吳王闔閭趁機大舉攻越，檇李（今嘉興附近）一戰，闔閭中箭，臨終囑付兒子夫差，一定要給自己報仇。

夫差即位後，派專人侍立宮門，每逢夫差出入，便大聲發問：「殺父之仇你忘了嗎？」

夫差回答：「不敢忘！」勾踐得到消息，決定先下手為強，沒想到夫椒（今太湖附近）一戰大敗，吳軍攻入越都會稽（今紹興），勾踐帶領殘部五千人逃入會稽山。

大臣范蠡建議忍辱求全，勾踐派文種賄賂吳國太宰伯嚭，向吳王求和。范蠡和文種都是來自楚國的越國人才。吳國相國伍子胥堅決反對准許越國求和，伯嚭貪圖賄賂，又嫉妒伍子胥的功勞，極力慫恿夫差答應越國。夫差終於允許，但條件是越國必須臣服於吳國，並要勾踐到吳國當三年奴隸，於是勾踐夫婦帶領范蠡來到吳國當馬夫，並以種種手段，騙得夫差信任。

三年後勾踐釋還，開始「臥薪嘗膽」，又施展美人計，在諸暨苧蘿山訪到巾幗美女西施，讓夫差沉迷美色。其實，夫差的失誤，並非迷戀西施，而是不顧蕭牆之禍的北進政策。西元前四八四年，夫差決定伐齊，伍子胥強烈反對，君臣間的衝突已難化解。伯嚭不斷進讒，伍子胥遭夫差賜死，遺言要人把他的眼睛挖出，掛在城門上，他要親眼看著越國軍隊消滅吳國！

清代女詩人黎春熙（文綺）寫過一首七律〈詠伍員〉：

昭關出走獨含情，國怨家讎恨未平。
漁夫濟江千劍氣，英雄亡命咽簫聲。

十年孤憤栖吳苑，雙眼分明見越兵。
何似鑄金歸去客，西施同載五湖行。

「鑄金歸去客」，指范蠡；「鑄金」，意為能賺錢，詳後文。伍子胥死後，同年吳國聯合魯國在艾陵（今山東萊蕪附近）重創齊軍。西元前四八二年，夫差在黃池（今河南封丘附近）大會諸侯，正與晉國爭論應該由誰主盟時，後方傳來消息，越軍已攻進吳都（今

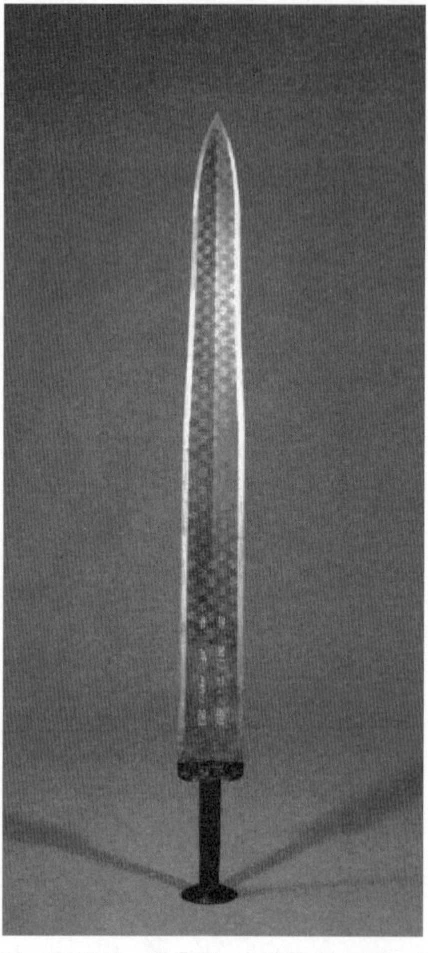

越王勾踐劍，鐫「越王勾踐自作用劍」八字，1965 年出土，現藏湖北省博物館。劍身有一層氧化層，保護劍身不鏽，埋藏地下兩千多年，仍鋒利無比。（維基百科提供）

蘇州）了！

古今文人習於將夫差之敗歸罪西施，唐代詩人崔道融為西施抱不平，試看他的絕句〈西施灘〉：

宰嚭亡吳國，西施陷惡名；
浣紗春水急，似有不平聲。

夫差被迫向勾踐求和，換取暫時和平。西元前四七三年，越軍攻破吳都，吳國滅亡。夫差羞於在陰間見到伍子胥，用白布蒙住雙眼後拔劍自刎。勾踐成為吳越之爭的勝利者，他遷都瑯琊（今屬山東），與齊國、晉國等諸侯會盟於徐州（今山東滕縣附近），成為一代霸主。

吳越之爭至此結束，那麼幾位關鍵人物下場如何？孫武可能早已脫離是非，回齊國著書、講學去了。范蠡據說帶著西施遨遊江湖，最後止於齊國，改名鴟夷子皮，曾受聘齊相，三年後再次急流勇退，到陶（今山東定陶）地經商，不久就成為巨富，人稱陶朱公。文種未能急流勇退，勾踐送一把劍給他說：「您教我七種伐吳策略，我只用其三就滅了吳國，另四種您為我到地下試試吧。」文種被迫自刎。

麟兮麟兮我心憂——孔子的晚年

魯哀公十四年（前四八一）春，魯哀公率領文武百官，在國境西部的沼澤森林狩獵，有人捕獲一隻異獸，長得像鹿，但有一雙肉角。魯哀公問群臣：「誰識得此獸？」大臣們面面相覷，沒人認識。

君臣商量了一下，認為獵獲異獸不是祥兆，就把牠扔了。孔子的弟子冉有，把捕獲異獸的事告訴老師，這時孔子已七十一歲，仍急忙前去查看。孔子認出那是傳說中的神獸麒麟，不禁落下淚來，長嘆一聲，隨口唱出自己的心境，這就是傳世古歌〈獲麟歌〉。

唐虞世兮麟鳳遊，今非其時來何求？麟兮麟兮我心憂。

（堯舜時麒麟和鳳凰出來活動，現在不是時候你來幹什麼？麒麟啊麒麟我心裡何等憂傷。）

孔子從很年輕就希望從政，藉以施展抱負。但直到魯定公九年（前五〇一），孔子五十一歲時才有機會出仕。他先擔任魯國的地方官，不久就升任司空、大司寇。任內曾陪伴魯定公與齊景公會於夾谷，取得外交上的勝利；又策劃「墮三都」，希望削減「三桓」（魯國卿大夫季孫氏、叔孫氏、孟孫氏）的力量。孔子的治績，引起齊國不安，設計送給魯國一批能歌善舞的美女，弄得魯定公不理朝政。「墮三都」，也引起既得利益者反撲。孔子知道事不可為，就離開父母之邦，周遊列國去了，這年孔子五十五歲。

孔子在外顛沛流離十四年，希望實現自己的政治理想，但一直找不到機會。直到六十八歲才被迎回魯國，仍然敬而不用。孔子深知，在政治上已沒希望，就把餘生用來整理《詩經》等古籍，和編寫魯國編年史《春秋》。

孔子寫的《春秋》，後世奉為「五經」之一，記載了魯隱公元年（前七二二）至魯哀公十四年（前四八一）的歷史，是中國現存最早的一部編年體史書。《春秋》的文字極其精簡，不加以解釋，後人很難讀懂，所以有三本解釋《春秋》的「傳」流傳下來，它們是《公羊傳》、《穀梁傳》和《左傳》。《公羊傳》和《穀梁傳》強調孔子的「微言大義」，也就是孔子如何藉著遣詞用字表達思想；《左傳》則偏重解釋歷史事件。

然而不幸的事接踵而來，孔子六十九歲時，兒子孔鯉去世；七十歲時，他最喜歡的弟子顏回也死了；七十一時又遭逢獲麟事件，一連串的打擊使得老人家心生絕望，從此擱筆，這就是典故「獲麟絕筆」的由來。

獲麟事件為什麼對孔子造成那麼大的打擊？這要從孔子的政治思想說起。孔子生活在東周的春秋時代。西周時，人們的一舉一動，甚至唱歌跳舞，都有一定的規矩。到了東周，周天子的權力式微，諸侯爭霸，霸主們「挾天子以令諸侯」，弄得「禮崩樂壞」，天下愈來愈亂。

越南河內文廟建於 1729 年，圖為國子監孔子像。（越文版維基百科提供）

孔子認為，文王、武王和周公三位聖王的政治思想，是有史以來最完美的。孔子呼籲恢復三位聖王所建立的典章制度，重建完美的社會。然而，他奔走了一生，一直沒得到重用。晚年的一連串打擊，讓他徹底失望了。

當孔子認出異獸是麒麟時，不禁嘆道：「吾道窮矣（我的理想無法實現了）！」傳說麒麟是一種仁獸，只有太平盛世才會出現。孔子認為自己和麒麟都是珍稀之物，麒麟遭人獵殺，和自己遭人忽視豈不是一回事！感傷之餘，編寫《春秋》的工作就止於獲麟那年，連整理古籍的事也停頓了。

諸子百家

西周時，學術由官府掌握，到了東周，逐漸走向民間，孔子就是民間講學的一個例子。當時各諸侯國爭相延攬人才，知識分子有較多機會施展抱負。學者們面對社會問題、人生問題、學術問題，各自提出解決的辦法和想法，因而形成各種學派，後世稱為「百家」，各個學派的代表人物就稱為「諸子」。司馬遷在《史記》中將先秦學派歸納為六家，即：儒家、道家、法家、墨家、名家、陰陽家。班固在《漢書》中歸納為十家，即：儒家、道家、法家、墨家、名家、陰陽家、縱橫家、雜家、農家、小說家。秦漢大一統後，為了統治龐大的帝國，必須統一意識形態。中國沒有主體宗教，只能借助儒家的倫理道德，這是漢武帝罷黜百家獨尊孔子的歷史背景，也是歷史發展的必然趨勢。

孔子七十二歲時，衛國發生政變，孔子的弟子子路被殺，還被剁成肉醬，再次給老人家沉重的一擊。第二年，也就是魯哀公十六年（前四七九）四月，孔子一病不起，享年七十三歲。

孔子一生不得意，但他是中華文化的塑造者，稱他至聖先師，一點兒都不過分。在歷史上，還有誰，對中國甚至整個東亞的影響比他更大呢？

長鋏歸來乎，食無魚！——孟嘗君和信陵君

戰國末期流行養士。所謂「士」，泛指具有一定能力的民間人才。當時以養士著稱的，有齊國孟嘗君田文、楚國春申君黃歇、魏國信陵君魏無忌、趙國平原君趙勝，後人稱他們「戰國四公子」。

孟嘗君田文（？～前二七九），其父為齊宣王異母弟，封於薛（今屬山東滕州），孟嘗君繼承父親的封地，有門客三千人，以待客寬厚著稱。

秦昭襄王聽說孟嘗君賢能，把他請到秦國，本想重用，又擔心他心向齊國，就想把他殺了。孟嘗君得知消息，急忙向秦昭襄王的寵妾求助，寵妾屬意孟嘗君的一襲名裘，可是已送給秦昭襄王了！門客中的能人潛入宮中，偷得名裘，在寵妾說項下，秦昭襄王把孟嘗君放了。不久秦昭襄王覺得後悔，發兵去追，孟嘗君一行人到達函谷關關口，由於時辰未到，關門未開。門客中有人會學雞叫，守關人以為天將亮了，於是打開關門，田文一行人得以出關。這就是成語「雞鳴狗盜」的由來。

唐朝詩人胡曾寫過一首詠史詩〈函谷關〉，敘說的就是此事，詩曰：

寂寂函關鎖未開，田文車馬出秦來。
朱門不養三千客，誰為雞鳴得放回？

孟嘗君有位門客名叫馮驩，初來時問他：「先生遠來，有什麼可以教我？」馮驩直言：「因為家貧，故來投靠。」孟嘗君將之歸為下等賓客。馮驩彈著劍唱道：「長鋏歸來乎，食無魚！」孟嘗君就提升為中等賓客。過了幾天，馮驩又唱道：「長鋏歸來乎，出無輿！」孟嘗君就提升為上等賓客。過了幾天，馮驩又彈著劍唱道：「長鋏歸來乎，無以為家！」孟嘗君認為過份，馮驩也不再彈鋏而歌。

孟嘗君為了供養食客，曾貸款給薛地，但借貸者大多還不起利息。孟嘗君想派人到薛地催討，問左右：「何人可去討債？」有人建議：「馮驩能言善道，又沒其他本事，就派他去吧。」馮驩到了薛地，只收到利息十萬，就用來買了些酒肉，宴請所有借貸者，酒酣耳熱之際，當眾將還不起利息者的債券燒了，對大家說：「盡情吃喝吧，不要辜負了孟嘗君的好意！」父老們紛紛起立，一拜再拜。

孟嘗君聽說馮驩燒了債券，趕緊召他回來，馮驩解釋道：「將一些虛帳、呆帳燒了，讓薛邑父老感恩戴德，有什麼不好？」孟嘗君稱謝，不再追究。

過了一年，齊湣王削除孟嘗君的職位。孟嘗君回到封邑薛地，百姓夾道歡迎，這才明白馮驩焚毀債券的用心。馮驩對孟嘗君說：「狡兔有三窟，現已有一窟，請再為君鑿另兩窟。」這就是成語「狡兔三窟」的出典。

馮驩西去魏國，對魏王說：「齊國罷黜了孟嘗君，誰搶先一步聘他，就能富國強兵！」魏王派出使臣來迎孟嘗君，來往數次，孟嘗君都藉故推辭。齊國君臣聽到消息，齊湣王寫了封密函，派人向孟嘗君謝罪，於是孟嘗君回朝重任宰相。

信陵君魏無忌（？～前二四三），是魏安釐王同父異母弟，因封於信陵，故稱信陵君。信陵君為人寬厚，禮賢下士，門客最多時達三千人。李白的名篇〈俠客行〉，歌頌的就是信陵君：

趙客縵胡纓，吳鈎霜雪明。銀鞍照白馬，颯沓如流星。
十步殺一人，千里不留行。事了拂衣去，深藏身與名。
閑過信陵飲，脫劍膝前橫。將炙啖朱亥，持觴勸侯嬴。
三杯吐然諾，五嶽倒為輕。眼花耳熱後，意氣素霓生。

救趙揮金鎚，邯鄲先震驚。千秋二壯士，烜赫大梁城。
縱死俠骨香，不慚世上英。誰能書閣下，白首太玄經。

要明瞭這首詩，先得了解信陵君（下稱魏公子）「竊符救趙」的故事。詩中的侯嬴年已七十，隱身大梁（今開封），為東門守門小吏；朱亥是位勇士，溷跡市井為屠夫。魏公子禮賢下士，與侯嬴、朱亥折節相交。

西元前二五七年，秦軍包圍趙國都城邯鄲。趙國宰相平原君是魏公子的姐夫，多次向魏王和魏公子求救，魏王派將軍晉鄙領兵十萬救趙，秦昭王派使者威脅魏王，魏王就派人通知晉鄙停止進軍，留在鄴地紮營駐防，名義上救趙，實際上是觀望形勢。

魏公子看出魏王無意救趙，只好湊齊戰車百乘，預備帶領門客前往邯鄲。車隊經過城門時遇到侯嬴，老先生說：「您此去無異羊入虎口！可去找魏王的寵妃如姬，請她盜出兵符。您曾為她報殺父之仇，她會捨命相報的。」如姬順利盜出兵符，臨行，侯嬴請魏公子帶上朱亥：「如晉鄙不肯交出兵權，就讓朱亥動手。」

魏公子到了鄴地，拿出兵符，假傳魏王命令，要晉鄙交出兵權。晉鄙驗證無誤，但仍表示懷疑，在未接到魏王命令前不想交出兵權，朱亥躍身而起，以銅錐擊殺晉鄙，魏公子順利奪得兵權。與此同時，楚國也派出春申君黃歇率軍救趙。楚、魏、趙三國聯軍解除了邯鄲之圍，秦將率領兩萬人投降。

了解了竊符救趙的故事，再來看看〈俠客行〉吧。詩的前八句，描寫俠客的裝扮和行徑。中八句敘說魏公子折節邀宴侯嬴和朱亥，彼此意氣相投。後八句敘說朱亥擊殺晉鄙，魏公子威震當世。詩中「千秋二壯士」，似指侯嬴和朱亥，但如姬難道稱不上俠？魏公子更是俠中之俠！此詩雖有些不易懂的典故，但通篇崢嶸俠氣，不難感染詩人所欲傳達的意象。

明刊本《新鐫繡像列國志》如姬盜兵符圖。魏王床上酣睡，如姬盜出兵符，信陵君手下在門外等候。

魏公子竊符救趙，使他避居趙國十年。西元前二四七年，秦國大舉伐魏，魏王只好派人請魏公子回國。各國得知魏公子出任上將軍，紛紛派兵救魏，魏公子率領五國聯軍大敗秦軍，乘勝攻至函谷關，秦軍緊閉關門不出。此舉使魏公子威震天下。

舉世皆濁我獨清，眾人皆醉我獨醒——屈原和楚辭

中國的詩歌有兩大源流：北方的《詩經》和南方的《楚辭》。《詩經》是衆多佚名作者的作品，《楚辭》却大多出自屈原之手，因此屈原是中國第一位姓名確定，而且留下很多作品的大詩人。

屈原生活於戰國末期，大約生於西元前三四〇年，大約死於西元前二七八年。他出身楚國貴族，二十幾歲就當上大官。當時秦國最強，其次是楚國和齊國。屈原主張聯合齊國，對抗秦國，起初楚懷王採納他的外交政策，但楚懷王的寵妃鄭袖和上官大夫靳尚，卻主張討好秦國、疏遠齊國，這些人不停地進讒言，楚懷王漸漸疏遠了屈原。

屈原不滿楚懷王昏憒，更痛恨鄭袖、靳尚等陷害忠良，眼看國事日非，他卻使不上力，於是將一腔憂憤，寫成長詩《離騷》，全詩三百七十三行，是屈原一生最具代表性的作品。

西元前三一三年，秦國派出張儀到楚國活動，賄賂鄭袖和一批寵臣，又欺騙楚懷王說：「如果楚國和齊國絕交，秦國願意獻出六百多里土地。」楚懷王信以為真，派人跟著

張儀到秦國接受土地，張儀裝病，不見楚國使臣，懷王以為張儀怪他和齊國絕交不夠徹底，派人去辱罵齊王，齊王大怒，兩國的關係徹底決裂。

這時張儀對楚國的使者說：「我說的是六里土地，不是六百里，你們大王聽錯了。」楚懷王發現受到愚弄，兩次派兵伐秦，都打了敗仗，喪失大片土地。懷王後悔不迭，連忙派屈原到齊國修好，屈原以為可以為國家做點事了，其實更大的厄運正在等著他呢！

秦國聽說屈原出使齊國，擔心齊、楚復交，願意退還一半土地，楚懷王恨透了張儀，聲稱情願不要土地，只要張儀。張儀到了楚國，憑其三寸不爛之舌，說秦國願意和楚國聯姻，缺乏定見的懷王竟然把張儀放了。等到屈原出使歸來，聽說放了張儀、答應和秦國聯姻，無異對齊國再一次失信，讓他惱怒不已。

西元前三〇五年，楚國的太子娶了秦王的女兒；翌年秦王邀請楚王到黃棘地方會談，說要退還土地，屈原竭力反對，激怒了懷王，遭到流放。此後懷王一再反覆，有時聯合齊國，有時討好秦國，不但失去威信，也喪失了大量土地。

西元前二九九年，秦王邀請楚懷王到武關相會，這時屈原已結束流放，力勸懷王不能赴約，昏憒的懷王哪裡肯聽，一到武關就被扣留，脅迫他割讓土地，但新就位的頃襄王不肯割讓，三年後懷王死在秦國。

西元前二九三年，秦國向楚國下最後通牒。娶了秦王女兒的頃襄王傾向求和，屈原嚴詞反對，還把當年勸說楚懷王赴約的人數落了一番，因而得罪了很多人，競相向頃襄王進讒，於是屈原再次遭到流放，而且流放得更遠。

屈原眼看楚國走向衰亡，心中的無奈和悲痛可想而知，他將滿腹憂思化為一篇篇詩作。西元前二七八年，秦國攻下郢都，頃襄王逃到陳城，楚國即將亡國，就在這年五月五日，屈原懷著滿腔憂憤，投汨羅江而死。

屈原是個政治家，更是個詩人，他留下的作品除了《離騷》，還有《天問》、《九章》和《九歌》。《天問》是屈原對天地萬物、古往今來的疑問。《九章》可能是屈原第二次流放時的作品，包括〈懷沙〉、〈惜誦〉、〈涉江〉、〈哀郢〉、〈抽思〉、〈思美人〉、

合縱連橫

戰國末期，出現了兩種外交主張：一種以蘇秦為代表，稱為合縱，主張南北各國合作，共同對抗西方的秦國；一種以張儀為代表，稱為連橫，主張各國應當和西方的秦國建立和平關係。因為六國利害不同，很難合作，所以合縱沒有成功；但張儀憑其口才，和嫻熟的外交手腕，為秦國統一天下作出重大貢獻。

明・陳洪綬版畫〈屈子行吟圖〉，表現屈原投江前顏色憔悴、形容枯槁的形象。（維基百科提供）

〈惜往日〉、〈橘頌〉和〈悲回風〉等九篇；《九歌》是一套祭祀鬼神的舞曲，包括〈東皇太一〉、〈雲中君〉、〈湘君〉、〈湘夫人〉、〈大司命〉、〈少司命〉、〈東君〉、〈河伯〉、〈山鬼〉、〈國殤〉和〈禮魂〉等十一篇。另有〈遠遊〉、〈卜居〉和〈漁父〉等三篇，可能是後人的作品。

〈漁父〉描寫顏色憔悴、形容枯槁的屈原，投江前在江邊遇到一位漁翁，問他怎麼落到這般田地，屈原說：

舉世皆濁我獨清，眾人皆醉我獨醒，是以見放。

（舉世骯髒只有我乾淨，大家都醉了只有我清醒，所以遭到放逐。）

漁翁勸屈原知時達變：

滄浪之水清兮，可以濯吾纓；滄浪之水濁兮，可以濯吾足。

（河水乾淨啊，可以洗我的帽纓；河水污濁啊，可以洗我的腳。）

這些話經常被人引用。

〈哀郢〉可能是秦國攻破郢都時所作。〈懷沙〉是屈原最後的作品，他沉痛地控訴：

變白以為黑兮，倒上以為下。鳳皇在笯兮，雞鶩翔舞。

（把白的變成黑的啊，把上面倒成下面。鳳凰困在籠子裡啊，雞鴨反而四處飛舞。）

他不願和小人妥協，更不願看著祖國滅亡，只好選擇自己結束生命。

屈原生前和死後，一些楚國的詩人模仿他的詩作，其中成就最高的就是宋玉，他和屈原是最重要的兩位楚辭作家。楚辭中的〈九辯〉、〈招魂〉、〈風賦〉、〈高唐賦〉、〈神女賦〉、〈登徒子好色賦〉、〈對楚王問〉等七篇，傳為宋玉作品。但有人認為，〈招魂〉是屈原的作品。

風蕭蕭兮，易水寒——荊軻刺秦王

西元前二二七年秋，荊軻帶著副使秦舞陽，奉燕（國）太子丹之命出使秦國。送行的人都身穿白衣（喪服），到了燕、秦邊界的易水，眾人不能再送了，荊軻的好友高漸離取出筑（一種琴）來，好友宋意應和著，在蕭瑟的秋風中益感淒涼，只聽荊軻唱道：

風蕭蕭兮，易水寒；壯士一去兮，不復還。

唱了幾遍，高漸離忽地將音調調高，荊軻的歌聲也跟著拔高，聲調慷慨激越，送行的人聽了莫不落淚。筑聲、歌聲停歇，荊軻登上車子，頭也不回地走了。

荊軻渡過易水，來到秦國首都咸陽。秦王在王宮召見荊軻，荊軻捧著秦國叛將樊於期的人頭，副使秦舞陽捧著割讓土地的地圖卷子，一前一後，經過群臣，向秦王慢步走去。荊軻泰然自若，秦舞陽卻嚇得發抖，秦國群臣察覺有異，荊軻回頭看看秦舞陽，笑著說：「他沒見過大世面，所以害怕，請大王讓他獻上地圖吧。」

秦王擺個手勢，要秦舞陽止步，對荊軻說：「把副使的地圖拿過來！」荊軻只好取過地圖，獻給秦王，秦王打開地圖，當地圖全部展開，赫然露出一把匕首！（這就是成語「圖窮匕現」的出處。）

荊軻左手抓住秦王的袖子，右手抓起匕首刺向秦王，一刺未中，秦王迅速起身，他想拔劍，可是劍太長，一時拔不出來，只好繞著柱子逃，這時御醫夏無且將藥囊擲向荊軻，荊軻略一遲滯，秦王已拔出劍來，一劍砍傷荊軻的左腿，荊軻站不起來，只好將匕首擲向秦王，噹啷一聲擊中銅柱。荊軻被殺，謀劃許久的刺秦計畫以失敗收場。

燕太子丹為什麼要刺殺秦王？當時秦國已滅韓國、趙國，下一個目標可能就是燕國了。太子丹曾經在秦國當人質，對秦國及秦王政（就是後來的秦始皇）了解很深，他認為只要刺殺秦王政，秦國就會分崩離析，燕國的危機就可解除。

可是刺殺秦王，刺客要有泰山崩於前而不懾的氣度，這樣的人要到哪裡找啊？隱士田光把荊軻推薦給太子，為了表白自己不會洩密，隨即自刎。荊軻是衛國人，喜歡讀書、舞劍，當太子丹向荊軻說出自己的計劃時，荊軻指出，為了取信秦王，必須獻上樊於期的人頭，這事頗令太子為難。

樊於期是秦國大將，因故得罪秦王，逃到燕國，託庇於太子丹。秦王恨透了樊於期，他在秦國的家人遭到滅族，更懸賞千金，要取他的人頭。荊軻親自拜會樊於期，說出自己的計畫，樊於期慨然拔劍自刎，成為為刺秦計畫犧牲的第二人。

太子丹以重金購得趙國著名鑄劍師徐夫人所鑄的一把匕首，焠上劇毒，用人做實驗，見血即死。太子丹又延攬燕國勇士秦舞陽，讓他擔任荊軻的副手，秦舞陽十三歲就殺人，沒人敢惹。按照計畫，刺殺任務由副手執行，所以必須武藝高強、個性沉穩。荊軻希望能找到更好的人選，無奈太子丹一再催促，只好勉強成行了。

荊軻刺秦失敗被殺，曾經羞辱過他的著名劍客魯句踐嘆道：「可惜啊！他太不講求劍術了！」荊軻武藝不夠好，副手秦武陽又不稱職，或許是刺殺失敗的原因吧。

東漢畫像石〈荊軻刺秦王〉，荊軻擲出匕首，擊中柱子，秦武陽已嚇得匍匐在地。

陶淵明有敘事詩《詠荊軻》，敘說荊軻刺秦王始末：

燕丹善養士，志在報強嬴。招集百夫良，歲暮得荊卿。
君子死知己，提劍出燕京；素驥鳴廣陌，慷慨送我行。
雄髮指危冠，猛氣衝長纓。飲餞易水上，四座列群英。
漸離擊悲筑，宋意唱高聲。蕭蕭哀風逝，淡淡寒波生。
商音更流涕，羽奏壯士驚。心知去不歸，且有後世名。
登車何時顧，飛蓋入秦庭。凌厲越萬里，逶迤過千城。
圖窮事自至，豪主正怔營。惜哉劍術疏，奇功遂不成。
其人雖已沒，千載有餘情。

西元前二二一年，秦王政統一中國，改稱始皇帝（秦始皇）。荊軻的好友高漸離改名換姓，到酒店當僕役，因聽到有人擊筑，為之技癢，不久再次以擊筑聞名。後來被秦始皇召進宮中，有人認出他的身分，秦始皇就弄瞎他的眼睛。高漸離時刻想為荊軻復仇，他在筑中灌上鉛，一天趁著距離秦始皇較近，抱起筑來砸過去，可惜沒有砸中，因而被殺。

秦始皇廢封建，改為郡縣制，實施中央集權。為了中央集權，所以統一文字、度量衡和貨幣。這種以皇帝為中心的中央集權制，一直延續到清朝，在國史上沒人比他對後世的影響更大。他在位期間進行多項重大工程，如修築馳道、長城、阿房宮、驪山陵等，他又北伐匈奴、南征南越，每項工程和戰事，動輒發動幾十萬人。暴政加上使民無度，秦朝在他死後迅速走向滅亡。

在秦張良椎

秦始皇二十九年（前二一八），第三次巡遊時遇刺，主謀就是張良，〈正氣歌〉「在秦張良椎」指的就是此事。張良出身韓國貴冑，祖與父皆為韓相。楚漢相爭時輔佐劉邦，封留侯。《史記．留侯世家》：「得力士，為鐵椎重百二十斤。秦皇帝東遊，良與客狙擊秦皇帝博浪沙中，誤中副車。秦皇帝大怒，大索天下，求賊甚急，為張良故也。良乃更名姓，亡匿下邳。」王安石有詩詠張良：「留侯美好如婦人，五世相韓韓入秦。傾家為主合壯士，博浪沙中擊秦帝。脫身下邳世不知，舉國大索何能為。……」張良隱匿下邳，得遇黃石公；等到陳涉等揭竿而起，得遇劉邦。張良刺秦對他本人及後世的影響，豈是荊軻所能及！

大風起兮雲飛揚——項羽和劉邦

從西元前二三〇年至二二一年，秦王政先後滅亡韓、趙、魏、楚、燕和齊，統一了中國。他認為自己的功業高過三皇五帝，自稱始皇帝，成為中國歷史上第一位使用「皇帝」稱號的君主。

秦始皇統一天下後，推出一系列改革，其中影響最大的，就是廢除封建（分封）制度，建立以皇帝為中心的中央集權，影響後世達兩千多年。

秦始皇的統治，建立在嚴苛的法令和暴政上，他焚書坑儒，甚至偷偷討論古書，都犯死罪。他又大興土木，單是修築自己的陵墓，就動用了七十萬人！西元前二一〇年，秦始皇死在第五次出巡的路上。繼任的胡亥更加殘暴，西元前二〇九年夏，陳涉、吳廣起義；同年秋，劉邦、項羽也起兵反秦。西元前二〇六年，秦朝滅亡，歷史進入楚漢相爭階段。

項羽（前二三二～前二〇二）出身楚國貴族，個性浪漫，是位傑出的將領，但不擅長政治謀略。劉邦（前二五六～前一九五）出身寒微，但知人善任，能屈能伸，為達目的不擇手段。楚漢相爭初期，大多項羽戰勝，後來劉邦拜韓信為將，局勢開始逆轉。

西元前二〇二年，項羽在垓下被韓信包圍，韓信進攻了幾次，都無法攻進項羽的大營，於是實施心戰，他找了些楚國人，夜深人靜，讓他們在楚軍大營四週唱起楚國的歌曲。楚軍聽了，以為漢軍已佔領楚地，弄得軍心大亂，這就是成語「四面楚歌」的由來。項羽知道大勢已去，突圍前對自己的寵妃虞姬唱出有名的〈垓下歌〉：

力拔山兮氣蓋世，時不利兮騅不逝；
騅不逝兮可奈何，虞兮虞兮奈若何？

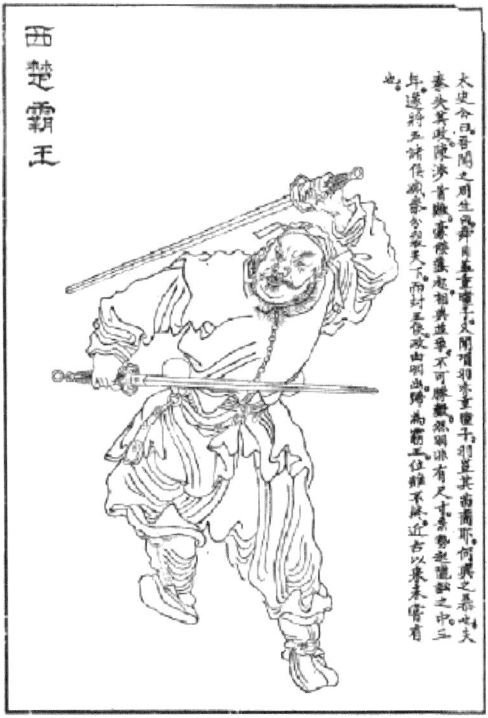

清初．上官周《晚笑堂竹莊畫傳．西楚霸王》。上官周，福建長汀人，號竹莊，清代畫家，以人物畫見長。（維基百科提供）

（力拔山河啊，蓋世無敵。時運不濟啊，馬也累了。馬也累了啊，牠將如何？虞姬啊虞姬啊，妳將如何？）

末路英雄，以短短的四句話，道出自己的命運，和對愛馬、愛妃的深情。真是首令人低迴不已的好詩！

清初・上官周《晚笑堂竹莊畫傳・漢高祖》。（維基百科提供）

項羽在四面楚歌中，決定突圍，有八百人願意跟隨。天快亮時，漢軍發現項羽跑了，派出五千騎兵追趕。一路戰鬥，最後只剩下二十六人，他們來到烏江，當地亭長（相當於里長）駕著船要載項羽過江，說：「江東有數十萬人，何不過江，設法東山再起。」項羽說：「我帶領八千子弟起兵，如今沒有一人歸還，哪有臉面見江東父老！」說著讓心愛的烏騅馬上船，自己徒步回頭迎敵，殺了數百人，最後自刎而死。

項羽自刎後兩個月，劉邦稱帝（漢高祖），建立漢朝。西元前二〇〇年，也就是劉邦稱帝後第二年，匈奴王冒頓率軍四十萬入侵，漢高祖率領三十二萬大軍北征，在平城（今山西大同）附近的白登，被匈奴包圍，史稱「白登之圍」。漢高祖登高一望，只見西方盡

韓信點兵

劉邦取得天下後，立即奪取韓信兵權，並改齊王為楚王。漢高祖六年（前二〇一），劉邦以出巡為名偷襲韓信，韓信往見劉邦，喊道：「果若人言：狡兔死，良狗烹；高鳥盡，良弓藏；敵國破，謀臣亡。天下已定，我固當烹！」韓信被降為淮陰侯。漢高祖十年，韓信被騙入宮內殺害，並誅連三族。傳說劉邦以出巡為名往捕韓信時，問韓信：「你到底有多少兵？」韓信回答：「我的兵三個三個數剩二，五個五個數剩三，七個七個數剩二。」劉邦莫測高深，未敢動手。這故事當然不是真的，但上引問題古稱物不知其數或韓信點兵，首見於五世紀初的《孫子算經》，近代數學稱為中國剩餘定理，是數論的重要命題。

是白馬，東方盡是青馬，北方盡是黑馬，南方盡是紅馬，漢朝的軍隊以步兵為主，哪能和匈奴的騎兵對抗？只好賄賂冒頓的閼氏（王后），勸說冒頓退兵，漢高祖才得以倉皇脫險。

此後漢高祖只好以和親的方式，換取邊境和平，但他念念不望白登之圍。西元前一九六年，漢高祖領兵平亂，經過家鄉沛縣，邀請一些老朋友見面，酒酣耳熱之際，他擊著筑（一種樂器），唱出傳世的〈大風歌〉：

大風起兮雲飛揚。威加海內兮歸故鄉。安得猛士兮守四方！

（大風起啊，雲飛揚。威震海內啊，回到家鄉。哪裡去找猛士啊，幫我鎮守四方。）

漢高祖沒讀過什麼書，這首詩古樸自然，節奏有力，顯示出英雄氣慨，和不可一世的帝王氣象。

失我胭脂山，使我婦女無顏色——輝煌的漢武帝時代

經過白登之圍，漢高祖不敢再和匈奴打仗。高祖之後的惠帝、呂后、文帝和景帝，也都盡量採取和平策略。西元前一四一年，漢武帝登基，局面才開始反轉過來。

漢武帝即位的第二年，就派遣張騫出使西域，展現出強烈的企圖心。從西元前一二九年到西元前一一九年，連續派兵討伐匈奴，其中西元前一二一年由霍去病擔綱的兩次行動，對匈奴的打擊最重，投降的匈奴人被迫南遷，他們撤離居地時，唱出內心的傷痛，這就是傳頌至今的〈匈奴古歌〉：

失我胭脂山，使我婦女無顏色；
失我祁連山，使我六畜不藩息。
（失去胭脂山，使我們的婦女沒有胭脂化妝；失去祁連山，使我們的六畜不再繁盛。）

漢武帝討伐匈奴期間，湧現出一批英雄，其中最有名的，就是大將軍衛青和驃騎將軍霍去病，兩人都是「外戚」（后妃的親戚），很受皇帝重用。西元前一一九年，衛青、霍去病聯手出擊，將匈奴趕到大漠以北。軍人世家出身的李廣和李陵也是英雄，不過他們的下場都很悲慘。

漢武帝的文治武功都值得大書特書。武功方面，他討伐匈奴，平定西南夷，征服越南、朝鮮，稱為「武」帝，可說名實相符。文治方面，他推崇儒家，倡導文學和音樂，一時人才輩出，如經學家董仲舒、史學家司馬遷、文學家司馬相如、音樂家李延年等等，造就了一個輝煌的時代。

漢武帝喜歡音樂，他設立專責機構「樂府」，到民間搜集詩歌，譜曲後在宮廷演唱。魏晉以後，這類由樂府採集、可以演唱的詩歌，被稱為「樂府詩」，或簡稱「樂府」。

漢代樂府詩留下的不多，其中最有名的，可能是敘事詩〈上山採蘼蕪〉和〈陌上桑〉，後者描寫一名叫做羅敷的女子，長得人見人誇，一位有婦之夫想和她交朋友，羅敷當面拒絕，她說：「使君一何愚！使君自有婦，羅敷自有夫。」將端莊、自信的羅敷寫活了。使君有婦、羅敷有夫，已成為常用的成語。前者敘述一位上山採野菜的棄婦，下山時遇到前夫，藉著兩人的對話，道出當時婦女處境的辛酸。

盛唐時期的敦煌壁畫〈張騫往西域圖〉。(英文版維基百科提供)

酒泉市的霍去病雕像（中），表現慶祝勝利痛飲屠蘇情景，Sigismound von Dobschütz 攝。（維基百科提供）

傳世的十幾首漢樂府詩，〈江南〉是最淺顯的一首：

江南可採蓮，蓮葉何田田！魚戲蓮葉間，魚戲蓮葉東，魚戲蓮葉西，魚戲蓮葉南，魚戲蓮葉北。（田田，蓮葉密密相連。）

這是漢代的採蓮曲，藉著魚兒嬉戲，襯托採蓮人的愉悅心情。後四句重疊，使歡樂氣氛更為加強。

漢武帝成立樂府，由著名音樂家兼舞者李延年主持。有一天，李延年一面起舞，一面唱道：

北方有佳人，絕世而獨立。
一顧傾人城，再顧傾人國。
寧不知傾城與傾國，佳人難再得！

（北方有位佳人，美貌絕世無雙。她一顧可傾人城池，再顧可傾人國家。怎能不認識這位傾城、傾國的美人？佳人難再得到啊！）

漢武帝聽了，嘆道：「世間有這樣的佳人嗎？」原來詩中的佳人，就是李延年的妹妹！李延年是用一首歌，把自己的妹妹推介給漢武帝啊！

於是李延年的妹妹就成為漢武帝最寵愛的李夫人。過了若干年，李夫人得了重病，但她不讓漢武帝探視，她說：「我要讓他永遠記住我的美好，不要讓他看到我的憔悴模樣。」

李夫人死後，漢武帝十分難過，為她寫下〈李夫人賦〉，和詩作〈秋風詞〉：

秋風起兮白雲飛，草木黃落兮雁南歸。蘭有秀兮菊有芳，懷佳人兮不能忘。泛樓船兮濟汾河，橫中流兮揚素波。簫鼓鳴兮發棹歌，歡樂極兮哀情多。少壯幾時兮奈老何！

古詩和樂府詩

漢代的詩歌，分為古體詩（簡稱古詩）和樂府詩兩類。古詩以東漢文人所作的「古詩十九首」為代表。樂府詩和古詩的主要差異是：樂府詩採自民間，古詩是文人創作；樂府詩入樂、可以唱，古詩不入樂、不能唱；樂府詩大多敘事，古詩大多抒情。

（秋風颼起啊白雲飛，草木黃落了啊雁南歸。蘭花秀美啊菊花芬芳，懷念佳人啊永不能忘。乘樓船啊渡汾河，橫越中流啊揚起白波。簫鼓鳴起啊唱起船歌，歡樂至極啊哀情多。少壯短暫啊年老了奈何！）

以秋的意象，引出對佳人的懷念，和樂極生悲的感嘆。您或許想不到吧，雄才大略的漢武帝，也有溫柔的一面。

衛青不敗由天幸，李廣無功緣數奇——飛將軍的祖孫悲劇

盛唐詩人王昌齡的〈出塞〉，抒發前往塞外時的心境，詩人期盼有位像李廣般的將軍，邊境就能平安無事了。全詩如下：

秦時明月漢時關，萬里長征人未還；
但使龍城飛將在，不教胡馬度陰山。

這首詩相當口語，詩中的「飛將」，指的就是外號「飛將軍」的李廣。

李廣身高體壯，箭法過人，有次打獵，他誤將草叢中的一塊石頭看成老虎，一箭射去，竟然沒入石中！西元前一二九年，漢武帝派兵討伐匈奴，初次出征的衛青獲得大勝，沙場老將李廣卻兵敗受傷被俘，匈奴人押著他後送，途中看見一名少年騎著匹好馬，他飛身躍起，奪了馬和弓箭，一連射殺追兵，逃回自己的部隊，為此匈奴人尊稱他飛將軍。

這次兵敗，李廣被廢去軍職，幾年後重新起用，負責鎮守右北平（今河北一帶），匈

奴人敬畏他，因而邊境無事，李廣也就失去作戰立功的機會。

西元前一一九年，衛青、霍去病聯手出擊，史稱漠北之戰。李廣爭取當先鋒，衛青卻派他迂迴包抄，不料在沙漠中迷了路，讓匈奴單于（國王）逃脫。李廣因貽誤戰機，必須面對軍法審判，他不願受到羞辱，憤而自刎，享年六十幾歲。

漠北之戰出師前，漢武帝曾交代衛青：「李廣老，數奇，毋令當單于。」（李廣老了，運氣又不好，不要讓他正面對付單于。）李廣因而沒當成先鋒。王維曾寫過一首長詩〈老將行〉，其中兩句：「衛青不敗由天幸，李廣無功緣數奇。」李廣未能封侯，成為人間一大憾事。

李廣自殺時，他的長子、次子已死，小兒子李敢是霍去病的部將，他認為父親是衛青害死的，去找衛青理論，甚至動粗，衛青並不計較，但霍去病認為李敢太不給自己面子（衛青是霍去病的舅舅），在一次宮廷狩獵活動中，霍去病假借射殺動物，冷不防將李敢射死了。

漠北之戰，匈奴被趕到大漠以北，元氣大傷，暫時不再構成威脅。這場戰爭過後不久，霍去病去世，衛青遭到冷凍。等到匈奴再次蠢動，漢武帝開始重用寵妃李夫人的大哥李廣利。

李廣利是個庸才，漢武帝卻封他為貳師將軍。西元前九十九年，李廣利率領三萬騎兵出征，李廣的孫子李陵，奉命擔任後勤運補工作。李陵希望自己行動，漢武帝告訴李陵，已沒有多餘的騎兵給他，李陵情願率領步兵和匈奴作戰，也不願跟隨他看不起的李廣利。

李陵帶領五千步兵深入敵境，被匈奴單于親自率領的三萬騎兵包圍，竟然一連擊退敵軍。單于大怒，調來八萬騎兵增援，歷經苦戰，李陵弓箭射盡，兵士死傷大半，只好投降。

李陵戰敗投降的消息傳回國內，漢武帝大怒，朝中大臣紛紛落阱下石，只有太史公司馬遷為

明・陳洪綬〈蘇武李陵圖〉軸局部，作於 1632 年，前方揖別者為李陵。

李陵說話，結果被打入大牢，慘遭宮刑（閹割）。出獄後司馬遷發憤著述，寫成曠世巨著《史記》。

李陵和出使匈奴、遭到拘留的蘇武成為知己，有名的〈李陵答蘇武書〉就是這時寫的。西元前八十一年，蘇武回國，李陵為他餞行，為後世留下〈蘇武與李陵詩〉和〈李陵與蘇武詩〉，前者甚長，後者稍短，全詩如下：

良時不再至，離別在須臾。屏營衢路側，執手野踟躕。
仰視浮雲馳，奄忽互相逾。風波一失所，各在天一隅。
長當從此別，且復立斯須。欲因晨風發，送子以賤軀。

嘉會難再遇，三載為千秋。臨河濯長纓，念子悵悠悠。
遠望悲風至，對酒不能酬。行人懷往路，何以慰我愁？
獨有盈觴酒，與子結綢繆。

攜手上河梁，遊子暮何之？徘徊蹊路側，悢悢不得辭。
行人難久留，各言長相思。安知非日月，弦望自有時？

努力崇明德，皓首以為期。

李陵投降後，和羈留匈奴的蘇武，至少通過兩次信，第一封就是有名的〈李陵答蘇武書〉。從〈李陵與蘇武詩〉和〈李陵答蘇武書〉，可以看出李陵的文采和英雄襟懷。

猛將謀臣徒自貴，蛾眉一笑塞塵清——王昭君和蔡文姬

中國四大美女中，最受文人青睞的大概是王昭君，有關她的詩據說有九百多首，詩仙李白至少寫過三首〈王昭君〉，讓我們欣賞其中一首：

昭君拂玉鞍，上馬啼紅頰；
今日漢宮人，明朝胡地妾。
（昭君拂拭雪白的馬鞍，上馬時雙頰都哭紅了；今天是漢朝宮女，明天已是胡人的妻妾。）

這首詩通俗易曉，從詩意來看，昭君的和番似乎出於無奈，否則怎會哭紅雙頰？事實上，昭君是自願的，而且當時的漢朝已沒必要對匈奴委曲求全。

經過漢武帝的連續討伐，匈奴的力量大不如前，後來更發生「五單于爭立」，也就是有五個人爭著當單于，爭到後來，剩下呼韓邪單于和郅支單于，呼韓邪打不過郅支，只好

投靠漢朝。

西元前五十一年，呼韓邪單于到長安朝見漢宣帝。西元前三十六年，郅支被漢朝所殺，呼韓邪又高興、又害怕，高興的是沒人和他爭了，害怕的是漢朝會不會對他不利？西元前三十三年，他再次來到長安，向漢元帝求婚，希望藉此鞏固邦誼，於是有了王昭君和番的故事。

西元前三十六年，王昭君因「選秀」成為宮女，但進宮三年，一直無緣和皇帝見面。當呼韓邪單于前來求婚，昭君自願遠嫁匈奴，漢元帝封她「公主」，嫁給呼韓邪後又受封「閼氏」（皇后）。從小宮女變成公主、皇后，又成為中國四大美女之一，昭君在逆境中求變的精神值得學習。

昭君墓（青塚）位於內蒙古呼和浩特附近，圖為墓前之昭君及呼韓邪單于雕像。(Derik van Zuetphen 攝，英文版維基百科提供）

傳說王昭君進宮，因自恃美貌，不肯賄賂畫師毛延壽，故意把她畫醜，皇帝以為她不夠漂亮，就被打入冷宮。當漢元帝見到昭君，驚為天人，悔恨之餘就把毛延壽殺了。這個傳說不是真的，但歷代文人深信不疑。

古來文人寫王昭君，大多寫其無奈，晚唐詩人汪遵的〈詠昭君〉別開生面：

> 漢家天子鎮寰瀛，塞北羌胡未罷兵；
> 猛將謀臣徒自貴，蛾眉一笑塞塵清。

這首詩歌頌王昭君綏靖邊塞的功績，諷刺猛將謀臣徒有其名，雖不是首好詩，卻讓人拍手稱快。

從呼韓邪單于起，邊境上太平無事，漢朝和匈奴的關係愈來愈密切。到了王莽時期，為了壓低單于的地位，竟將呼韓邪單于的十五個子孫都封為單于，又將匈奴單于改稱「恭奴單于」，這些莫名其妙的做法，使得邊境又燃起戰火，西域各國也都淪為匈奴的勢力範圍。

西元二十五年，漢光武帝劉秀打敗王莽，建都洛陽，史稱東漢。後來匈奴發生內亂，西元四十八年，呼韓邪單于的孫子逐日王率眾歸附漢朝，於是匈奴分成南匈奴和北匈奴，南匈奴成為漢朝的屬國，北匈奴則和漢朝為敵。

漢朝一面經營西域，壓縮匈奴的空間，一面聯合南匈奴等邊疆部族，對北匈奴採取軍事行動。西元八十九年，大將竇憲、狄秉率領聯軍，在現今的外蒙古和北匈奴進行決戰，北匈奴大敗，投降了二十多萬人。為了紀念這次勝利，由史學家班固撰寫〈封燕然山銘〉，刻在燕然山上。

〈封燕然山銘〉的序文是篇三百多字的短文，文末附有五句銘文：「鑠王師兮征荒裔，剿凶虐兮截海外。夐其邈兮亙地界，封神丘兮建隆嵑，熙帝載兮振萬世。」銘文文義深奧，我們只要知道「勒石燕然」（勒是刻的意思）這個典故就行了。

自從南匈奴成為漢朝的屬國，對漢朝只能唯命是從。西元二〇七年，曹操派人到南匈奴，向單于要一名漢族女子，於是發生了「文姬歸漢」的故事。

文姬，就是蔡文姬（名琰），她是東漢大學問家蔡邕的女兒，更是中國第一位知名的女詩人，她的〈悲憤詩〉和〈胡笳十八拍〉，寫出時代的變動，更寫出自己悲苦的一生。

蔡文姬從小聰明過人，除了作詩，還懂音樂。不幸的是，文姬十六歲時嫁人，還沒生小孩，丈夫就死了，只好回娘家過活。心灰意冷的蔡文姬，只想跟隨父親讀書，但命運之神卻不讓她安定下來。

漢末年發生黃巾之亂，軍人勢力坐大，朝廷被宦官把持，軍閥董卓以誅殺宦官的名義進軍洛陽，他胡作非為，對蔡邕卻十分禮遇。後來董卓被殺，蔡邕難過之餘在家彈琴，文姬從琴聲聽出父親的心情，知道將有大禍臨頭。蔡邕果然不顧安危前往祭拜董卓，因而獲罪被殺。這就是《三字經》「蔡文姬，能辨琴」的出處。

父親被殺，無依無靠的文姬被人擄走，輾轉嫁給南匈奴的左賢王，他們相處十二年，生了兩個兒子。

這時曹操挾天子以令諸侯，成為全國最有權勢的人，他和蔡邕是好朋友，得知蔡文姬在南匈奴，就派人把老友的女兒贖回中原，曹操的一番好意，迫使文姬和丈夫、兒子分離，悲痛之餘，寫下摧折人心的長詩〈悲憤詩〉，請看母子分離的一段：

兒前抱我頸，問母欲何之？人言母當去，豈復有還時？
阿母常仁惻，今何更不慈？我尚未成人，奈何不顧思？
見此崩五內，恍惚生狂痴。號泣手撫摩，當發復回疑。

回到中原，曹操親自作媒，把她嫁給軍官董祀，所幸兩人感情不錯，這算是老天對女詩人的回報吧。

南宋佚名畫家〈文姬歸漢〉冊頁僅存之一頁，繪歸漢前情景。現藏波士頓藝術博物館。前方騎深色馬者為左賢王，後方騎白馬者為蔡文姬，兩人各攜一子，夫妻之情溢於言表。

自從白馬馱經始，寶地紺園知有幾——佛法東傳，道教創立

根據《後漢書》記載，漢明帝曾夢到一尊金人，身高一丈多，頭上發出白光，從西方飛來。第二天他把夢境告訴群臣，有位大臣說，金人就是西方的「佛」。永平七年（六四），明帝派出十幾位官員，到西方求取佛法。

佛教創立於西元前五世紀，到了西元前三世紀，在中亞（就是漢代所說的西域）已十分興盛。張騫通西域，中國和西域的關係日漸密切；到了東漢，現今新疆一帶成為中國的勢力範圍。因此佛教的傳入，主要是經由西域，而不是佛教誕生地印度。

一行人走到大月氏（今阿富汗一帶），遇到兩位從天竺（印度）來的僧人——聶摩騰和竺法蘭，他們願意到中國傳教，就用白馬馱著佛經，跟隨官員來到洛陽。永平十一年（六八），漢明帝為他們建造了一座寺院，為了紀念白馬馱經的事，就取名白馬寺。

聶摩騰和竺法蘭在白馬寺譯出五部佛經，留傳下來的只有一部，即《四十二章經》，這部佛經摘取佛陀（釋迦牟尼）所說的四十二段話，文字淺顯，是部佛教入門書。

白馬寺是中國第一所佛教寺院，中國佛教界稱為「祖庭」（發源地）。宋代詩人崔放之因借宿禪寺，寫過一首〈棲禪寺〉，開頭兩句為：「**自從白馬馱經始，寶地紺園知有幾。**」紺園，佛寺別稱，亦借指道觀。這兩句詩的意思是說，從白馬馱經開始，佛教寺院不知有多少了。

洛陽白馬寺山門兩側各塑一匹白馬，圖為左側一匹。(Robert Schediwy 攝，德文版維基百科提供）

聶摩騰和竺法蘭之後，西域或天竺僧人接踵來到中國，譯出許多佛經。白馬馱經後約六百年，單單洛陽一個城市，就有一千多座寺院，佛教在中國流傳的速率實在驚人。

佛教傳入前，中國沒有正式的宗教。大凡宗教，必須要有自己的神祇、儀式、教義和教團（宗教團體）。當時的術士「方士」，並沒組成教團，也沒有固定的教義，所以算不上宗教。

到了東漢，方士改稱道士。

東漢順帝時，有位當過官的道士張陵（又稱張道陵，三四～一五五）到四川傳教，他自稱天師，所以他的宗教稱為「天師道」；入教的人要繳五斗米，所以又稱「五斗米道」。

張道陵像，取自《列仙酒牌》，1923 刊印。（日文版維基百科提供）

從張陵起，道士開始組成教團，也有了固定的教義，因此大家都認為，道教是張陵創立的。道教創立後，處處模仿佛教：佛教有位教祖釋迦牟尼，道教就推出老子為祖師，稱為太上老君；佛教有佛寺，道教就有道觀；佛教有僧尼，道教就有道士、道姑；佛教有「大藏經」（佛經彙編），道教就有「道藏」（道經彙編）。道教推崇老子和莊子，老莊思想就成為道教教義的基礎。

佛教在魏晉南北朝和隋唐最盛，道教也在這時興盛，從此儒釋（佛）道成為中華文化的三大支柱。歷代產生了許多高僧、高道，高道的詩文，脫不了老莊的出世思想，古時的啟蒙教材《千家詩》，就有一首高道陳摶的詩〈歸隱〉：

十年走踪迹紅塵，回首青山入夢頻。

大藏經

佛經彙編稱為大藏經，簡稱藏經，又名一切經，內容分為經、律、論「三藏」。經藏以「如是我聞」開篇，表示是佛陀的教言；律藏是佛陀所定的戒律；論藏是教義論著。梵文原典大多散佚，現存大藏經主要有巴利文、漢文和藏文三種。巴利文大藏經又稱南傳大藏經，是研究早期佛教的重要文獻。漢文大藏經約三千部，是研究中期佛教的重要文獻。藏文大藏經有三千多部，是研究晚期佛教的重要文獻。以漢文翻譯佛經始自東漢，止於北宋，前後約一千年，在歷代譯經家中，以鳩摩羅什、真諦和玄奘最為重要。鳩摩羅什是龜茲國人，真諦是西印度優禪尼國人，兩人先後於南北朝時來到中國，他們譯經偏向意譯；玄奘是初唐人，譯經偏向直譯。

紫綬縱榮爭及睡，朱門雖富不如貧。
愁看劍戟扶危主，悶聽笙歌聒醉人。
攜取舊書歸舊隱，野花啼鳥一般春。

陳摶是五代、宋初道士，傳說他隱居華山，一睡可以睡上一百多天。他曾被召到朝廷，這首詩是他辭去官職，返回華山時寫的。

談笑間，檣櫓灰飛煙滅——赤壁之戰

漢獻帝建安十三年（二〇八），東漢丞相曹操（一五五～二二〇）率領大軍南下，希望一舉統一中國。大約出兵之前，他寫下傳頌千古的名篇〈短歌行〉：

對酒當歌，人生幾何？譬如朝露，去日苦多。

（面對美酒儘管高歌，人生能有多久？譬如早晨的露水，逝去的日子已太多了。）

（以下略去四句）

青青子衿，悠悠我心。但為君故，沉吟至今。

（青年才俊，長久牽掛著我的心。只因思念你們，低吟此詩直到如今。）

（以下略去十二句）

月明星稀，烏鵲南飛。繞樹三匝，何枝可依？

（月明星稀，烏鵲向南飛。繞著樹飛了三圈，哪個樹枝可供停棲？）

山不厭高，海不厭深。周公吐哺，天下歸心。

（山不怕高，海不怕深。周公禮賢下士，天下才能歸心。）

要了解這首詩，先得了解時代背景。漢靈帝光和七年（一八四），宗教組織太平道造反，史稱黃巾之亂。亂事平定後，軍人勢力坐大，形成軍閥割據的局面。曹操利用平亂的機會，逐步取得權力，當上丞相。他挾天子以令諸侯，成為國家的實際領導人。到了建安十三年，曹操已掃平北方，只要再打敗孫權等南方勢力，就能完成統一大業。

這時曹操五十三歲，以當時人的壽命來

日本浮世繪畫師月岡芳年繪《月百姿・南屏山昇月》，作於 1885 年，此幅繪曹操臨江賦詩。（維基百科提供）

金‧武元直〈赤壁圖〉卷，此為長卷之一段，故宮博物院藏。繪蘇軾與二友人泛舟同遊赤壁之下情景。

說，已是老年人了。他從三十歲左右起兵，回想過去、瞻望未來，不禁感傷生命的短暫和孤寂，但想到即將發動的戰爭，又希望能夠像周公般，吸納四方人才，幫助自己成就霸業。詩中的「青青子衿，悠悠我心」，出自《詩經》，原是一首情詩。曹操借著這首情詩，暗示希望孫權投降。

曹操順利佔領荊州，又把劉備打得狼狽不堪，但東吳的孫權並無意投降，劉備派軍師諸葛亮向孫權游說，促成孫、劉聯合。周瑜率領的東吳水軍逆流而上，在赤壁和曹軍對峙。周瑜發動火攻，曹操萬萬想不到，隆冬天氣會颳起東南風！他知道大勢已去，就燒燬剩餘的船隻，從陸路退回北方去了。劉備乘機取得荊州，從此曹操再也無力南下，造成三分天下的局面。

曹軍有幾十萬人，孫、劉聯軍只有幾萬人，但曹操的北方部隊不擅長水戰，也不了解南方的氣象，再加上水土不服，大批官兵病倒，這些因素都是曹軍戰敗的原因。

赤壁之戰後八百七十四年，北宋的蘇軾（東坡）填過一闋詞，那就是著名的〈赤壁懷古〉：

大江東去，浪淘盡，千古風流人物。
故壘西邊，人道是，三國周郎赤壁。
亂石崩雲，驚濤拍岸，捲起千堆雪。
江山如畫，一時多少豪傑。
遙想公瑾當年，小喬初嫁了，雄姿英發。
羽扇綸巾，談笑間，檣櫓灰飛煙滅。
故國神遊，多情應笑我，早生華髮。
人生如夢，一樽還酹江月。

西元一〇八二年，蘇軾和朋友們遊黃州的赤壁，寫下這闋詞。蘇軾誤把黃州的赤壁，當成赤壁之戰的

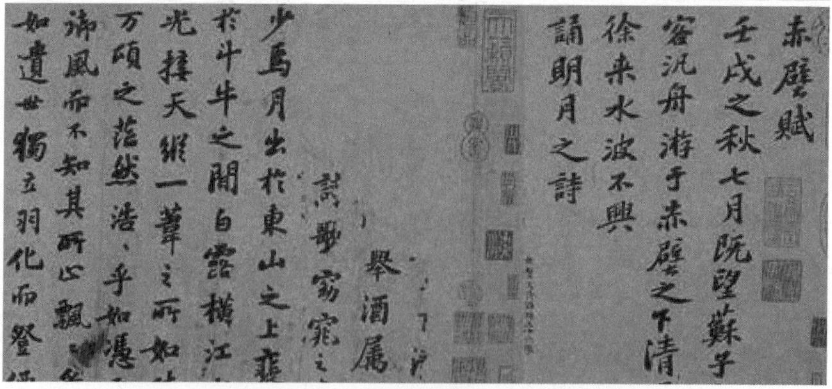

蘇軾〈赤壁賦〉（局部），故宮博物院藏。（維基百科提供）

赤壁了。這闋〈赤壁懷古〉，曠達奔放，開啟「豪放」派詞風。詞中的周郎、公瑾，都是指周瑜；羽扇綸巾，或指孔明或指周瑜。曹操、周瑜和諸葛亮，可說是赤壁之戰的三位主角，此外還有眾多配角，「一時多少豪傑」，難怪用兵如神的曹操會鎩羽而歸了。

三曹

曹操和他的長子曹丕、三子曹植，都是著名的文學家，後人稱他們「三曹」。曹丕篡漢，成為魏國的開國皇帝。曹植沒擔任過軍政要職，是位浪漫詩人。三曹和圍繞在他們周圍的「建安七子」，撐起當時的文壇。鍾嶸《詩品》將曹植列為上品，曹丕為中品，曹操則為下品。唐以後對曹操的評價提高。現今文學史家普遍認為，曹操第一，曹植第二，曹丕第三。近人余秋雨說：「曹植固然構築了一個美艷的精神別苑，而曹操的詩，則是礁石上的銅鑄鐵澆。」

笑談間漢鼎三分，不記得南陽耕雨——蜀魏吳，分漢鼎

漢獻帝建安十二年（二〇七），劉備三顧茅廬，請出年方二十六歲、號稱「臥龍」的諸葛亮（一八一～二三四）當軍師。諸葛亮提出聯吳抗曹，西取益州（今四川一帶），謀取與曹操、孫權三分天下的戰略，這就是著名的「隆中對」。元朝詩人馮子振的散曲〈鸚鵡曲〉（赤壁懷古），說的就是三顧茅廬的事：

> 茅廬諸葛親曾住，早賺出抱膝梁父。
> 笑談間漢鼎三分，不記得南陽耕雨。
> 歎西風捲盡豪華，往事大江東去。
> 徹如今話說漁樵，算也是英雄了處。

這闋散曲，除了第二句，其餘相當白話。第二句中的「賺出」，意為「騙出來」；抱膝，從容貌，借指隱居；梁父，指〈梁父吟〉，傳為諸葛亮所作，借指諸葛亮。這闋散曲

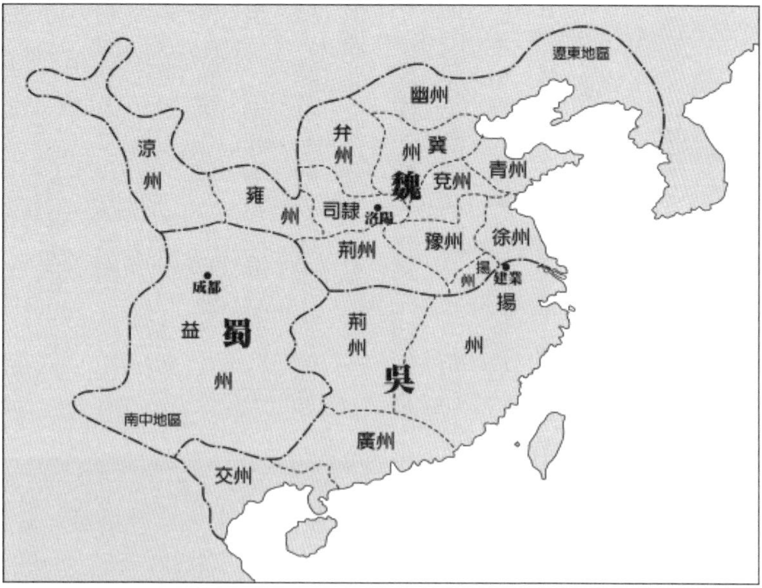

三國行政區劃圖。蜀原領有荊州南部，關羽失荊州，對蜀的發展影響甚大。（彭範先繪）

不難懂了吧。

漢獻帝建安十三年的赤壁之戰，曹操被東吳的周瑜打敗，倉皇逃回北方去了。劉備趁機佔領荊州南部（今湖北一帶），東吳當然不高興，但孫權不願為此和劉備鬧翻，孫權甚至把自己的妹妹嫁給劉備。

三年後劉備進軍益州，把荊州交給他最信任的義弟關羽鎮守。關羽是個武將，缺乏政治謀略，他輕視東吳，貿然攻取曹軍佔領的荊州北部，結果曹操聯絡孫權，關羽兩面受敵，最後被東吳的大將呂蒙殺害。

關羽被殺，張飛急著為二哥復仇，脾氣變得很壞，隔年被部下暗殺。劉備亂了方寸，他不顧諸葛亮反對，率領舉國軍隊伐吳。劉備的大軍一路東進，起初氣勢如虹，但在夷陵地方被東吳青年將軍陸遜「火燒連營八百里」，劉備率領殘軍退到白帝城，諸葛亮趕去探視，劉備憂憤過度，交代完後事就去世了。

劉備死後，諸葛亮輔佐劉備的兒子劉禪（阿斗），明知已不可為，但他「鞠躬盡瘁，死而後已」。諸葛亮去世後六年，蜀漢就被曹魏滅亡了。

唐朝大詩人杜甫寫過一首〈八陣圖〉，緬懷諸葛亮：

功蓋三分國，名成八陣圖；
江流石不轉，遺恨失吞吳。

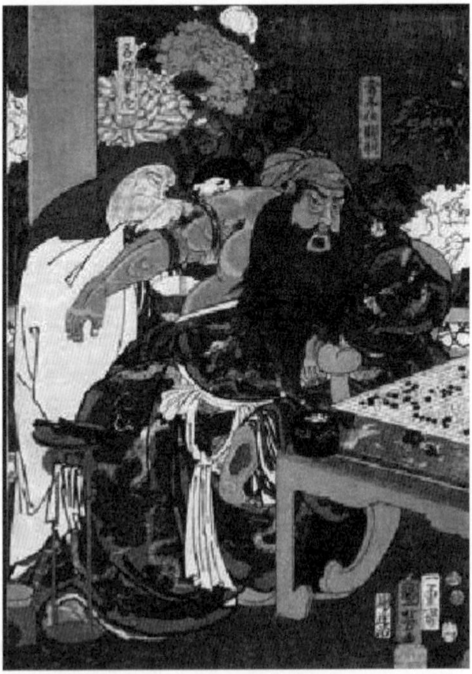

日本江戶時代末期浮世繪畫師歌川國芳繪〈關羽刮骨療傷圖〉。（維基百科提供）

傳說劉備兵敗，陸遜誤入諸葛亮的八陣圖中，劉備才能逃得性命。詩的前兩句，歌頌諸葛亮促成三國鼎立，以及擺設八陣圖等事功；後兩句是說，用石頭擺設的八陣圖還在，但劉備伐吳已成為千古恨事了。

《三字經》上說：「蜀魏吳，分漢鼎；號三國，迄兩晉。」可見蜀、魏、吳等三國，最後都被晉朝消滅。

傳閻立本〈歷代帝王圖〉卷，繪十三位帝王，〈晉武帝司馬炎圖〉為其中一段。現藏波士頓美術館。

西元二二〇年，曹操病逝，他的長子曹丕篡漢，建立魏國，史稱曹魏。二二一年，劉備建國，史稱蜀漢。二二二年，孫權建國，史稱孫吳。

曹操死後，掌握軍權的司馬懿權力愈來愈大，後來司馬家掌控魏國朝政，魏國的皇帝變成傀儡。西元二六三年，曹魏滅蜀，控制長江上游。西元二六五年，司馬炎篡魏，建立晉朝。西元二八〇年，晉朝水、陸並進，展開滅吳作戰。晉朝大將王濬率領的水軍從益州出發，沿著長江東下。吳國在長江三峽的西陵峽，用鐵鏈攔住江水，阻擋晉軍船艦。王濬用大船滿載柴火，開到江中燒斷鐵鏈，接著一路勢如破竹。吳國的末代皇帝孫浩知道大勢已去，就打開城門自動請降，至此全國統一，結束了自東漢末年以來的分裂局面。

唐朝詩人劉禹錫寫過一首〈西塞山憶古〉敘說這段歷史，前四句是：

王濬樓船下益州，金陵王氣黯然收；
千尋鐵鎖沉江底，一片降幡出石頭。

要了解這首詩，得先了解幾個關鍵詞：金陵，指吳國的都城建業（今南京），又稱石頭城。詩中的「尋」字，是個長度單位，一尋相當八尺。「幡」，就是旗子。了解了這些，讓我們試著把這首詩譯成白話吧。

王濬的大軍從益州出發，金陵的帝王氣象黯然終止了。
長長的鐵鎖已沉到江底，一片降旗從石頭城上冒出來。

劉禹錫，字夢得，中唐嘉興（今浙江嘉興）人。白居易稱他「詩豪」。這首〈西塞山憶古〉，是他最為人知曉的詩之一。

目送歸鴻，手揮五弦——竹林七賢

公元二六三年，也就是魏元帝景元四年夏季某一天，聞名天下的嵇康將要在正午處決。他是著名的美男子，又是著名的思想家、詩人和音樂家，他將要處決的消息早已傳遍洛陽，三千名太學生聯名上書，請求司馬昭赦免他，並希望讓他到太學講學，但司馬昭不為所動，一心要除去嵇康，讓天下知識份子知道他的厲害。

刑場設在魏國首都洛陽的東市，嵇康看看日影，離行刑還有段時間，便找人取來古琴，彈起失傳已久的〈廣陵散〉。一霎時天地沉靜，琴聲從他指間流瀉而出，彈奏完畢，他長嘆一聲說：「過去有位朋友要跟我學〈廣陵散〉，我沒教他，今後將成絕響了！」太陽走到天頂，劊子手刀起頭落，嵇康在世間只活了四十歲。

曹丕稱帝（魏文帝）後不到七年就去世了，繼位的曹叡（魏明帝）也只當了十二年皇帝，接著由曹芳（齊王）繼位，年號正始。這時曹魏已名存實亡，大權落在司馬家手裡。從司馬懿到他的兩個兒子司馬師、司馬昭，一個比一個專橫，他們說一套做一套，弄得是非錯亂、價值失序。知識份子為了避禍和排遣苦悶，過著頹廢、荒誕、喜歡清談的生活，這種風氣稱為「正始玄風」。

正始玄風時期，清談的內論主要是《易經》、《老子》和《莊子》，合稱「三玄」。清談時揮動著一種像小扇子般的道具——「麈扇」，麈就是四不像鹿，麈扇是用四不像鹿的尾毛編的。傳說麈的尾巴不沾塵土，士大夫用來象徵自己的高潔。

正始玄風時期，最有名的有七人，稱為「竹林七賢」，他們是：嵇康、阮籍、山濤、向秀、劉伶、王戎和阮咸，其中以嵇康和阮籍聲望最高。嵇康為人剛正，他娶了長樂公主，但以打鐵謀生。一天有位大官來訪，他只顧打鐵，理都不理。老友山濤推薦他當官，他就寫信和山濤絕交。嵇康不和統治者妥協的態度，終於招來殺身之禍。

嵇康傳世的詩作不多，最著名的是在獄中寫的長詩〈幽憤詩〉，和〈贈兄喜秀才入軍詩十九首〉，後者以第十四首最為有名：

息徒蘭圃，秣馬華山。
流磻平皋，垂綸長川。
目送歸鴻，手揮五弦。

敦煌壁畫〈維摩詰經變圖〉局部，維摩詰所持扇狀物即麈扇。

俯仰自得，游心太玄。
嘉彼釣叟，得魚忘筌。
郢人逝矣，誰與盡言？

「目送歸鴻，手揮五弦。俯仰自得，游心太玄。」嵇康超然脫俗的形象，彷彿就在眼前。

竹林七賢崇尚老莊思想，生活不拘禮法，都喜歡喝酒。嵇康被殺，向秀被迫出仕，山濤和王戎熱衷名利，能夠維持風骨的剩下阮籍和劉伶。

劉伶嗜酒成性，妻子勸他少喝，劉伶說：「我自己戒不了，你準備些祭品，我來求求神吧。」妻子備好酒肉，劉伶跪下禱告，唸道：

日本江戶時期緞面刺繡〈竹林七賢圖〉。（維基百科提供）

天生劉伶，以酒為名。一飲一斛，五斗解酲。婦人之言，慎不可聽。

唸罷就大吃大喝起來。

阮籍嗜酒成性，不拘禮法，但為人處事十分小心。舉例來說，曹叡（魏明帝）病重時，遺命曹爽為大將軍，和司馬懿共同輔佐太子。曹爽請阮籍擔任「參軍」（官名），阮籍看出曹魏已大權旁落，就稱病推辭。後來曹爽被殺，司馬懿讓阮籍擔任「從事中郎」（官名），他只好就任了。

司馬昭曾為司馬炎（晉武帝）向阮籍求婚，希望娶他女兒，阮籍連續大醉六十天，弄得媒人沒機會說話。司馬師找人和他談論時事，希望藉機套出他的心事，阮籍皆以酣醉不醒脫身。阮籍聽說步兵營的伙夫頭擅長釀造，藏有大批美酒，就主動爭取「步兵校尉」（相當於步兵營長）的職務，所以他又有「阮步兵」的稱號。

有位軍眷女孩貌美而有才，還沒出嫁就死了，阮籍並不認識她，也不認識她的家長，前往弔唁時竟然痛哭失聲。阮籍的嫂子回娘家，阮籍和她話別，道德之士出來指責，阮籍回答：「道德禮法豈是為我設的？」

阮籍厭惡世俗禮法，遇到不順眼的人，就「白眼」（白眼珠）看他，遇到知音才用「青眼」（黑眼珠）對待。阮籍的母親死了，嵇康的哥哥前來弔喪，阮籍用白眼看他，嵇康聽說哥哥遭到白眼，就帶著酒和琴前往，阮籍大喜，果然以青眼看待。青白眼的事，讓道德之士疾之如仇。

阮籍留下「詠懷詩」八十二首，內容以感嘆人生為主，第三十三首頭兩句是「一日復一夕，一夕復一朝。」最後兩句是「終身履薄冰，誰知我心焦。」這或許正是他的真實心境吧。

五石散

魏晉名士服食的五石散，首見於張仲景《傷寒論》，根據葛洪《抱朴子》：「五石者，丹砂、雄黃、白礬、曾青、慈石也。」亦即硫化汞、硫化砷、硫酸鋁鉀、硫酸銅和四氧化三鐵，其中丹砂、雄黃、硫化砷有毒。五石散就是上述五種礦物（可能還有其他藥物）所製成的散劑。東漢末年用於治療瘧疾，魏晉時用於壯陽或提振精神，作用有如現今的搖頭丸。服食後精神亢奮，渾身燥熱，往往寬衣緩帶，或脫衣裸袒，或洗冷水浴，或以寒性食物抑其燥火，故又名「寒食散」。據說長期服用，皮膚白皙細緻，曹操義子、著名美男子何晏即為一例。但寒石散究為毒物，同時代的管輅形容何晏：「魂不守宅，血不華色。」清談之士壽多不永，或與服食有關。

山陰道上桂花初，王謝風流滿晉書——五胡亂華，衣冠東渡

從東漢起，中國北方就居住著大批游牧民族（胡人），他們有五大支系——匈奴、鮮卑、羯、氐、羌，史稱五胡。西晉滅亡，引起「五胡亂華」，胡人和漢人在北方建立起許多政權，史稱「五胡十六國」。

西元三一六年，西晉被匈奴人劉曜的前趙滅亡，同年瑯琊王司馬睿在建康（今南京）即位，史稱東晉。大批北方人南遷，史稱「衣冠東渡」，意思是說，中原文化到南方了。

西元三七六年，前秦的苻堅（氐族）統一北方。過了七年，也就是三八三年，苻堅率領步兵六十餘萬、騎兵二十七萬、羽林軍三萬餘，希望一舉消滅南方的東晉，統一全中國。

苻堅準備出兵時，有人勸他不可貿然行動，他說：「我的八十萬大軍，投鞭可以斷流，何愁東晉不滅？」東晉的軍隊只有八萬人，最高統帥是謝安，前敵總指揮是他侄子謝玄。謝玄推進到淝水東岸，隔江和敵軍對峙。苻堅登上高處，只見晉軍陣勢整齊，又見八公山上草木晃動，以為都是晉兵，不由得心驚。

《晚笑堂竹莊畫傳．謝安像》，1921 年刊印。（維基百科提供）

謝玄派人對苻堅說：「你們稍向後撤，讓我們渡過淝水，再一決勝負如何？」苻堅急著決戰，竟然答應了。可是秦軍的通訊系統不靈，加上東晉間諜造謠，後面的部隊以為前鋒被打敗了，頓時亂了陣腳。晉軍渡河猛攻，一時兵敗如山倒，秦軍只顧逃命，聽到風聲和鶴唳，都以為是追兵，退回洛陽時，只剩下十餘萬人。

唐朝詩人胡曾，寫過一首〈八公山〉：

苻堅舉國出西秦，東晉危如累卵晨；
誰料此山諸草木，盡能排難化為人。

此詩寫的就是這場戰役的故事。苻堅戰敗，東晉得以偏安江南。唐朝的羊士諤寫過一首〈憶江南〉：

山陰道上桂花初，王謝風流滿晉書；
曾作江南步從事，秋來還復憶鱸魚。

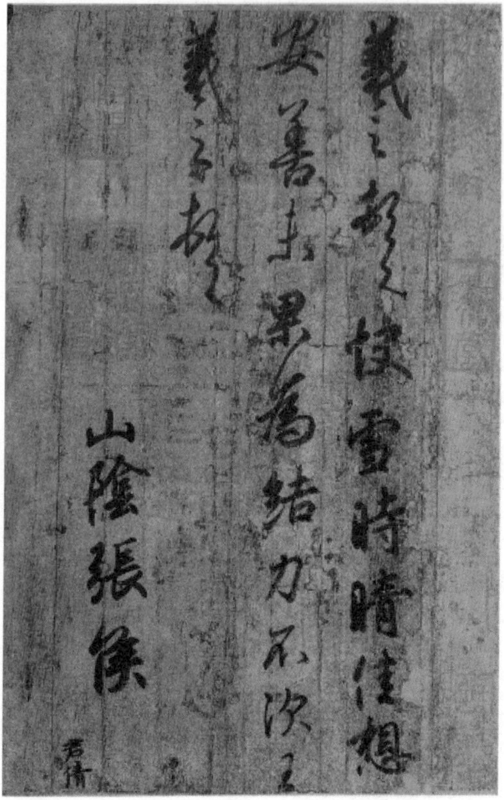

唐摹王羲之〈快雪時晴帖〉，故宮博物院藏。這是王羲之給山陰張姓朋友的短札，共二十八字：「羲之頓首快雪時晴佳想安善未果為結力不次王羲之頓首山陰張侯。」試斷句為：「羲之頓首：快雪時晴，佳。想安善。未果為結，力不次。王羲之頓首山陰張侯。」意思是說：「下一場雪，隨即晴了，絕佳。想您平安如意。沒能把信寫完，緣自體力不繼。」當時常尊稱朋友為侯。

這首詩主要是回憶江南的秋季，但詩人不由得想起東晉炙手可熱的兩大家族。魏晉南北朝時，門第高的家族（世族）掌握軍政大權，門第低的家族（寒門）根本沒機會，造成「上品無寒門，下品無世族」的局面。東晉時，東渡的世族中，以瑯琊王氏、陳郡謝氏勢力最大，難怪詩人會說「王謝風流滿晉書」了。

瑯琊王氏，最具代表性的是王導。東晉王朝建立初期，瑯琊王司馬睿沒什麼聲望，多虧王導扶持，才能坐穩大位。當時有人對時局沒信心，當他見到王導，對人說：「我見到了管夷吾，不用擔心了。」管夷吾就是春秋時的管仲，因此王導又有「江左夷吾」的稱號。瑯琊王氏出了很多人才，大書法家王羲之就是王導的侄子。

陳郡謝氏，最具代表性的就是謝安。他生在南方，可說是「外省第二代」。淝水之戰時，他正和人下棋，收到前線傳來的捷報，看過後不動聲色，仍繼續下棋，有人談起前線的戰事，他淡淡地說：「小兒們已破賊了。」謝安的鎮定，對安定建康的人心功不可沒。

大家世族的女子也能賦詩。一個下雪天，謝安和後輩們討論用什麼比喻下雪，他侄子謝朗說：「撒鹽空中差可擬」，他姪女謝道蘊說：「未若柳絮因風起」。謝道蘊的精妙比喻，受到眾人稱許，後來人們常用「詠絮之才」形容才女。

唐朝實施科舉制度，平民百姓只要中了進士，就可以做大官，魏晉南北朝以來的門第觀念逐漸被打破了。難怪唐朝詩人劉禹錫的〈烏衣巷〉，會有「舊時王謝堂前燕，飛入尋常百姓家」的感嘆。

採菊東籬下，悠然見南山——亂世的桃花源

淝水之戰後，前秦瓦解，北方再次陷入分裂，東晉暫時獲得安定。然而，東晉的根本問題是政治腐敗，和世族與世族間、以及世族和皇室間爭權奪利。一旦北方的威脅解除，內鬥就更激烈了。

晉朝的地方首長稱刺史。淝水之戰後，各地刺史擁兵自重，甚至互相攻伐，弄得民不聊生。西元三九九年，也就是淝水之戰後十六年，有個名叫孫恩的道教信徒起兵造反，迅速佔有京城建康（今南京）以南地區。一些刺史以平亂為藉口，趁機擴充勢力，其中以江州刺史桓玄所佔的地盤最大。

西元四〇三年，桓玄逼迫晉安帝退位，改國號爲楚。翌年軍人劉裕起兵討伐，四〇五年桓玄敗死，東晉恢復。但劉裕也有篡位的野心，四二〇年廢晉恭帝自立，改國號爲宋，史稱「劉宋」，東晉至此正式滅亡。

東晉從建立到滅亡，不過一百四十年，在政治和軍事上乏善可陳，但在文學藝術上卻

成就非凡，赫赫有名的詩人陶淵明、書法家王羲之、畫家顧愷之都是東晉人。

陶淵明寫過一首〈桃花源詩〉，序文就是著名的〈桃花源記〉，描寫他憧憬的理想國。〈桃花源詩〉文句深奧，唐朝詩人王維的〈桃源行〉就淺顯得多了，以下是其節錄。

漁舟逐水愛山春，兩岸桃花夾古津。坐看紅樹

明・陳洪綬《陶淵明故實圖》卷，共十一段，此為其中一段〈采菊〉，現藏夏威夷火奴魯魯美術館。（英文版維基百科提供）

不知遠，行盡青溪不見人。……遙看一處攢雲樹，近入千家散花竹。樵客初傳漢姓名，居人未改秦衣服。……初因避地去人間，更問神仙遂不還。峽裡誰知有人事？世中遙望空雲山。……常時只記入山深，清溪幾度到雲林。春來遍是桃花水，不辨仙源何處尋。

東晉和之前的孫吳，以及之後的宋、齊、梁、陳，合稱「六朝」。六朝的詩人，成就最高的，就是〈桃花源記〉的作者陶淵明。

陶淵明（三六五～四二七）名潛，號五柳先生。他出身世家，是陶侃的曾孫。西元四〇五年，他因「不為五斗米折腰」辭去縣官，從此隱居不仕，過著恬淡自得的田園生活，故有「田園詩人」之稱。

孫恩之亂以來，東晉的政局愈來愈動盪，桓玄篡位被殺，但更大的動亂正在醞釀。「不為五斗米折腰」或許只是個藉口，逃離是非、求得心靈寧靜，才是歸隱的主要原因。

陶淵明的散文〈五柳先生傳〉，可看作他的自傳；辭賦〈歸去來兮辭〉抒寫他辭官時的心境。他的詩天真自然，卻意境深遠。試看他的〈飲酒詩〉之五：

結廬在人境，而無車馬喧。

問君何能爾？心遠地自偏。
採菊東籬下，悠然見南山。
山氣日夕佳，飛鳥相與還。
此中有真意，欲辯已忘言。

淡淡幾筆，寫出詩人的生活，和對待人生的態度。名句「採菊東籬下，悠然見南山」，使得菊花成為隱逸的象徵。類似的田園詩，每一首都是晶瑩剔透的珠玉。

陶淵明有五個兒子，他的〈責子詩〉，寫出詩人詼諧與無奈的一面：

白髮被兩鬢，肌膚不復實。
雖有五男兒，總不好紙筆。
阿舒已二八，懶惰故無匹。
阿宣行志學，而不好文術。
雍端年十三，不識六與七。
通子垂九齡，但覓梨與栗。
天運苟如此，且進杯中物。

江南佳麗地，金陵帝王州——魏晉南北朝

西元四二〇年，劉裕篡晉，改國號為宋，史稱劉宋。十九年後（四三九），北方被鮮卑族拓拔氏的北魏統一，中國進入南北朝時期。

北朝方面，原本四分五裂的北方被鮮卑拓拔氏的北魏統一。到了魏孝文帝（拓拔宏，四七一～四九九年在位），下令將胡姓改為漢姓，皇室拓拔氏改為姓「元」，官員必須說漢語，鼓勵漢胡通婚，設立學校，尊奉孔子。這些舉措加速了民族融合，對後世影響深遠。

西元五三四年，北魏分裂成東魏和西魏，接著東、西魏相繼被北齊和北周取代。西元五七七年，北周滅北齊，統一北方；五八一年，大臣楊堅逼迫北周皇帝讓位，建立了隋朝。八年後，隋滅掉南方的陳，統一全國，結束了兩百多年的分裂局面。

南北朝時期，南朝產生了許多大文學家和文學評論家——如謝靈運、鮑照、謝朓、蕭統、江淹、劉勰、鍾嶸等，北朝文學最具代表性的不是作家文學，而是民歌。北朝民歌側重歌頌生活和戰爭，和喜歡歌頌愛情的南朝民歌大不相同。

雲崗石窟第二十窟露天大佛，鑿於魏孝文帝時，具犍陀羅風格。(Steve Cadman 攝，維基百科提供)

傳世北朝民歌，最有名的可能是從鮮卑語譯成的〈敕勒歌〉：

敕勒川，陰山下。
天似穹廬，籠蓋四野。
天蒼蒼，野茫茫，風吹草低見牛羊。

（敕勒河畔，陰山脚下。天空像帳篷，蓋住整個原野。天空遼闊，草原無際，風吹草低露出了牛羊。）

這首民歌明朗豪放，雄渾天成，可說是描寫草原風光的千古絕唱。

著名的敘事詩〈木蘭詩〉，也是北朝民歌：

唧唧復唧唧，木蘭當戶織。不聞機杼聲，惟聞女嘆息。問女何所思？問女何所憶？「女亦無所思，女亦無所憶。昨夜見軍帖，可汗大點兵；軍書十二卷，卷卷有爺名。阿爺無大兒，木蘭無長兄，願為市鞍馬，從此替爺征。」東市買駿馬，西市買鞍韉，南市買轡頭，北市買長鞭。旦辭爺娘去，暮宿黃河邊；不聞爺娘喚女聲，但聞黃河流水鳴濺濺。旦辭黃河去，暮至黑山頭：不聞爺娘喚女聲，但聞燕山胡騎聲啾啾。萬里赴戎機，關山度若飛。朔氣傳金柝，寒光照鐵衣。將軍百戰死，壯士十年歸。歸來見天子，天子坐明堂。策勳十二轉，賞賜百千強。可汗問所欲，「木蘭不用尚書郎，願借明駝千里足，送兒還故鄉。」爺娘聞女來，出郭相扶將。阿姊聞妹來，當戶理紅妝。小弟聞姊來，磨刀霍霍向豬羊。開我東閣門，坐我西閣床。脫我戰時袍，著我舊時裳。當窗理雲鬢，對鏡貼花黃。出門看伙伴，伙伴皆驚惶：「同行十二年，不知木蘭是女郎。」雄兔腳撲朔，雌兔眼迷離。兩兔傍地走，安能辨我是雄雌？

木蘭代父從軍的故事如果發生在南方，可能被寫得愁雲慘霧，〈木蘭詩〉卻一派歡欣，說明北方經過長期民族融合，一個朝氣蓬勃的時代即將到來了。

南朝方面，歷經宋、齊、梁、陳等四個朝代，和之前的東吳、東晉，他們都建都建康

（今南京），合稱「六朝」。

建康又稱金陵，六朝時金陵繁榮富足，秦淮河上畫舫無數，河畔歌台舞榭酒樓連綿。南齊詩人謝朓作過一首〈入朝曲〉，描寫當時的京城：

江南佳麗地，金陵帝王州；
透迤帶綠水，迢遞起朱樓。
（江南是個出美女的地方，金陵是帝王的都城；一條蜿蜒的綠水，岸邊建起連綿的紅色樓房。）

詩中的「透迤」、「迢遞」，都是連綿不絕的意思；「朱樓」，指聲色場所。短短的四句話，將當時的金陵寫得淋漓盡致。

南朝君主大多喜歡文學，甚至提倡文學，這是南朝文學特別興盛的原因之一。宋、齊時期，文學著重描寫山水，到了梁、陳，由帝王推動、描寫宮女生活的「宮體詩」成為詩壇主流，文風更加柔靡不振。陳後主陳叔寶曾為他的妃子張麗華寫過一首〈玉樹後庭花〉（如下），最能代表宮體詩的文風。

麗宇芳林對高閣，新妝艷質本傾城。
映戶凝嬌乍不進，出帷含態笑相迎。
妖姬臉似花含露，玉樹流光照後庭。

陳後主的〈玉樹後庭花〉，一向被視為亡國的靡靡之音。唐朝詩人杜牧寫過一首〈泊秦淮〉，描寫他夜遊秦淮河時，聽到歌女吟唱〈玉樹後庭花〉的情景：

煙籠寒水月籠沙，夜泊秦淮近酒家；
商女不知亡國恨，隔江猶唱後庭花。

商女，是指在酒樓賣唱的歌女。杜牧是晚唐詩人，他在世時南朝已結束兩百多年，歌女哪能體會亡國的悲痛！

西元五八九年，隋軍攻進建康，陳後主帶著愛妃張麗華躲在井中，還是被俘，至此南北朝結束，歷史畫卷進入璀璨的隋唐時代。

傳唐・閻立本《歷代帝王圖》卷，繪十三位帝王，圖為陳後主像。(波士頓美術館藏，維基百科提供)

百千家似圍棋局，十二街如種菜畦——大興城和大運河

有一天，唐朝詩人白居易（七七二～八四六）登上華嚴寺，第二天天還沒亮，在觀音台上眺望山下的長安城，寫下一首〈登觀音台望城〉：

百千家似圍棋局，十二街如種菜畦；
遙認微微入朝火，一條星宿五門西。

（長安城的格局像圍棋棋盤，十二條街把城市分隔得像整齊的菜畦；遠望隱約認出是官員們上朝打的火把，如星辰般迤邐出現在五座城門西邊。）

唐代的長安城，基本上就是隋代興建的大興城。隋朝原先在漢長安城建都，但漢長安已陳舊不堪，加上環境破壞，連井水都不適合飲用，西元五八二年，隋文帝（楊堅）命大臣宇文愷在漢長安東南約十公里處另建新都大興城。

宇文愷所規劃的大興城，面積八十三平方公里，是史上最大的一座城。他先建宮城（宮

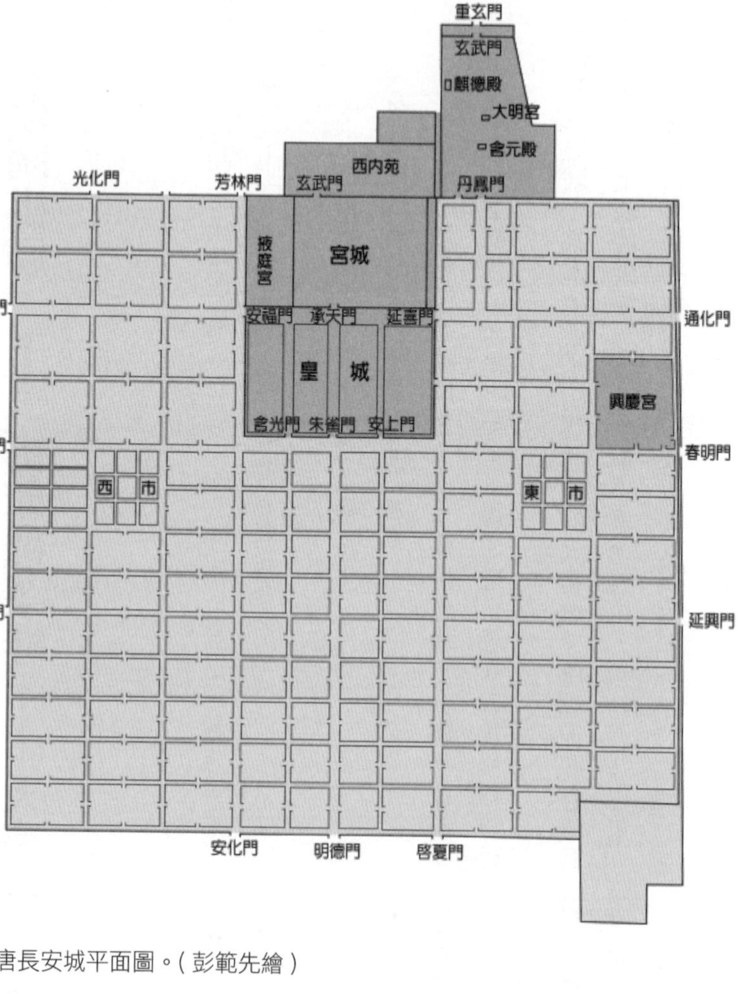

唐長安城平面圖。(彭範先繪)

殿區），再建皇城（政府機關所在），最後才建外城（百姓居處）。皇城外東南和西南，各有一座邊長約一公里的大市場，唐代稱為東市、西市，西市有大批胡商，可以買到各種西域物品。

到了唐代，長安約有一百萬人口，是七至九世紀全世界最大的城市。誠如白居易所說，長安城的格局像棋盤，由南北向大街十一條、東西向大街十四條構成（詩中的「十二街」是個約數），這些大街寬約一百公尺，中軸線的朱雀門大街，更寬達一百五十公尺，是史上最寬、最長的一條中軸線大街。

這些縱向和橫向大街，圈出一百一十個「坊」，每個坊都有城牆和城門，宛如城中之城。入夜以後，各坊的城門關閉，實施宵禁，所以唐詩有「**六街鼓歇行人絕，九衢茫茫空有月**」的詩句，當宵禁的鼓聲響過，大街上再也看不到一個人影。

隋朝的歷史很短，從楊堅（隋文帝）建國，到他兒子楊廣（隋煬帝）失去政權，前後不過三十七年！然而，隋朝結束了魏晉南北朝以來的分裂，開啟大唐盛世，具有承先啟後的地位。隋文帝興建大興城，隋煬帝興建南北大運河，在建築史上都是頭等大事。

隋文帝在位時，國勢強盛，財政充裕，人民生活富足，繼位的隋煬帝卻是個暴君，他為了修建大運河，徵調了幾百萬民工，又派出酷吏監工，民工們長期泡在水裡，即使腿部

傳唐・閻立本《歷代帝王圖》卷，繪十三位帝王，圖為隋煬帝楊廣像。（波士頓美術館藏，維基百科提供）

爛得長出蛆來，也不准休息，民工們活下來的只有三分之一！

隋煬帝修築南北大運河的目的，除了將南方的物資運到北方，還為了方便他到江南遊玩。他修築的南北大運河有很多段，貫穿現今的河北、河南、江蘇、浙江等省，寬三十至七十公尺，長約兩千七百公里，是人類史上最大的工程之一。他修造了上萬艘龍舟，又沿著運河修建四十多座行宮，更修造了大型龍舟「水殿」。唐朝詩人皮日休寫過一首〈汴河懷古〉：

盡道隋亡為此河，至今千里賴通波；
若無水殿龍舟事，共禹論功不較多。
（都說隋朝是修建運河亡的，可是南北至今靠它通航；要不是荒於嬉戲遊玩，他的功勞和大禹相比也不遑多讓。）

除了修建運河，隋煬帝又三次出兵高麗，他的好大喜功，弄得民不聊生，當各地發生民變、政權即將土崩瓦解時，他仍在江都嬉戲遊玩呢！

明朝遊上苑，火急報春知——從唐太宗到武則天

貞觀十七年（六四三），唐太宗（五九九～六四九）才四十四歲，但因長年操勞，看起來已不年輕了。這年二月二十八日，他忽然想起幫他打天下的文臣武將，就命令畫家閻立本在宮城東北的凌煙閣，為二十四位功臣畫像。閻立本畫的是壁畫，都畫得真人大小，他們是文臣魏徵、房玄齡、杜如晦等，武將李靖（衛公）、尉遲恭（敬德）、程知節（咬金）、李勣（茂功）、

唐太宗像，明代摹本，北京故宮博物院藏。（維基百科提供）

秦瓊（叔寶）等。唐太宗的文治武功，大多和這些人有關。

唐太宗為二十四位功臣在凌煙閣畫像的事迅速傳遍天下，不久就成為典故，用來比喻在軍事或政治上成就非凡。到了唐玄宗時，凌煙閣壁畫已經陳舊，玄宗請畫家曹霸修補，曹霸修得活靈活現，皇帝授他「將軍」名號，杜甫寫過一首詩〈丹青引贈曹霸將軍〉：

……凌烟功臣少顏色，將軍下筆開生面。良相頭上進賢冠，猛將腰間大羽箭。褒公鄂公毛髮動，英姿颯爽來酣戰。……

褒公指褒國忠壯公段志玄，鄂公指鄂國公尉遲恭。杜甫的這首詩告訴我們，凌煙閣畫像畫

門神與凌煙閣畫像

門神有好幾種，其中一種由凌煙閣功臣秦瓊和尉遲恭組成，其原始造型可能出自凌煙閣畫像。這組門神臉白者為秦瓊，臉黑、捲鬚者為尉遲恭，兩人手持兵刃，腰懸弓箭。民間美術具有牢不可破的保守性，對照杜甫詩句「猛將腰間大羽箭」、「褒公鄂公毛髮動」，約略可以看出這組門神與凌煙閣畫像的關聯。

出各人的服飾、兵器、神韻和動感。

唐太宗就是李世民，他是唐高祖李淵的次子。李淵原本是隋朝的大將，隋末天下大亂，李淵趁機擴充勢力，後來取代隋朝，建立了唐朝。唐朝建國，李世民立下汗馬功勞，可是哥哥李建成是太子，只要哥哥在世，他就沒機會繼承皇位。西元六二六年，李世民發動「玄武門之變」，殺死哥哥，翌年逼迫父親讓位。李世民當上皇帝，年號貞觀，開創了有名的貞觀之治。

唐太宗在位二十三年，他知人善任、從諫如流，他和魏徵的關係尤其受人稱道。他消滅北方強敵東突厥，被西域各國奉為「天可汗」。他東征西討，使唐朝的版圖超過漢朝。更重要的是，他型塑了一種朝氣蓬勃的精神面貌，為大唐盛世奠定基礎。

唐代詩特別發達，學者將唐詩分成初唐、盛唐、中唐、晚唐等四期，這種分法有時也用在唐朝的歷史上。

所謂初唐，就是從李淵（唐高祖）建國，經過唐太宗、唐高宗、唐中宗、唐睿宗、武則天（六二四～七〇五）到唐玄宗登基，具體的說，就是西元六一八年至七一二年。

西元六四九年，唐太宗去世，翌年太子李治即位，是為高宗。李治當太子時，就和太宗的才人（嬪妃名）武媚暗通款曲。太宗去世，武媚成為高宗的昭儀（嬪妃名），接著

洛陽龍門奉先寺盧舍那佛（中）和菩薩、羅漢像，此窟由唐高宗發願建造，盧舍那佛容貌可能以武則天為模本。(Alex Kwok 攝，日文版維基百科提供)

利用種種手段，除去王皇后和蕭淑妃，當上皇后。

唐高宗沒什麼能力，加上身體不好，漸漸被武媚控制。唐高宗去世，太子李顯即位，武媚改名武曌，成為實際上的統治者。後來武曌廢中宗，另立睿宗，西元六九〇年她正式稱帝，建立了「武周」。

從唐高宗去世，到武曌退位，她統治中國約二十二年。她退位後，中宗尊稱她「則天大聖皇帝」，所以武曌又稱武則天。

武則天的原名已不可考，「媚」是唐太宗賜的。她當才人時，聽說太宗有匹烈馬，沒人能夠馴服，就對太宗說：「只要給我三件東西，就能制服。一是鐵鞭，二是鐵撾，三是匕首。用鐵鞭打，如果不服，就用鐵撾打牠的頭，要是還不服，就用匕首刺斷牠的喉嚨。」撾，是一種長柄鐵製兵器，前端呈拳狀，中指伸出。從這則記載可以看出武則天的膽識和霸氣。

武則天統治中國期間，國勢非但未曾衰退，還穩步向前發展。西元六九一年，也就是她建立「武周」的第二年，寫了首〈臘日宣詔幸上苑〉：

明朝遊上苑，火急報春知。
花須連夜發，莫待曉風吹。

臘日，指臘月初八。上苑，是宮廷花園。這首詩引出一則故事：某年冬武則天想遊上苑，命花神催促百花開放，所有的花都開了，唯牡丹不肯奉詔。武則天大怒，把牡丹貶到洛陽去了，所以至今牡丹以洛陽最盛。

這故事當然不是真的，但不難看出武則天的王者氣概。

正月十五那一天，公主應允來西藏——文成公主入藏

初唐時，藏族出了位大英雄——松贊干布（六〇四～六四九，又名棄宗弄贊），他一手建立起盛極一時的吐蕃王朝。吐蕃讀作「圖鉢」，是唐代對藏族地區的稱謂。

從西元六三六年起，松贊干布就以武力為後盾，屢次向唐朝請婚。青藏高原雪山連綿，連進入都困難，遑論作戰！貞觀十四年（六四〇），吐蕃相國祿東贊前來請婚，唐太宗忖度形勢，只好同意。第二年春，祿東贊就前來迎娶公主了。

將要下嫁的文成公主（六二五～六八〇），是唐太宗族弟、江夏王李道宗的女兒，為了和番，才冊封為公主。文成公主和番的事，唐朝人不大願意提，有關記載都很簡略，但藏人卻津津樂道，成為戲曲、民間故事和民歌的重要題材。

藏人說，祿東贊到長安求婚時，大食等四個國家也來求婚。唐太宗對各國使臣說，誰能將絲線穿過九曲明珠，就可以得到文成公主。各國使臣束手無策，只有祿東贊聰明過人，他養了隻螞蟻，將絲線綁在螞蟻腰上，放進珠孔，用力一吹，螞蟻就拖著絲線從另一頭爬

出來了。唐太宗不甘心，又連續出了四道難題，都被祿東贊一一破解，無可奈何之下只好許婚。

唐太宗許婚的消息傳到吐蕃，藏人舉國歡騰，從傳唱至今的民歌〈愛瑪林季〉可以略窺一二：

正月十五那一天，
公主應允來西藏。
廣袤的蓮花草原不用怕，
有百匹駿馬來接您。
高聳入雲的雪山不用怕，
有百頭犏牛來接您。
寬闊湍急的河川不用怕，
有百艘皮船來接您。
……

唐・閻立本〈步輦圖〉，故宮博物院藏。（維基百科提供）右側由宮女抬著的是唐太宗，左側第二人為祿東贊。

拉薩大昭寺之松贊干布（中）與尼婆羅赤尊公主（左）、文成公主（右）塑像。(Ernst Stavro Blofeld 攝，維基百科提供）

文成公主在祿東贊和生父江夏王的護送下，貞觀十五年（六四一）春動身，松贊干布親自到青海迎接，大約夏秋之交到達拉薩。這年公主十六歲，松贊干布三十七歲。

文成公主年紀雖小，卻已是個虔誠的佛教徒。史書上說她：「面貌慧秀，妙相具足，端莊美麗，體淨無瑕。」她的潛心向佛，感化了松贊干布，使他也皈依佛教。

松贊干布為了怕公主想家，建起中國式宮殿——布達拉宮前身，又為公主建立一座寺院——大昭寺。直到現在，大昭寺中還供奉著文成公主的塑像。文成公主下嫁松贊干布是西藏史上的大事，她是佛教在西藏得勢的關鍵人物。

作於十四世紀的史書《吐蕃王朝世系明

鑑》，共三十三章，第十三章記述迎娶文成公主的事。藏文著作仿傚佛經，通常散韻夾雜，唐太宗安慰公主的一段是用韻文寫的，他先說西藏風景壯麗，並非蠻荒之地，接著說會讓她帶去很多嫁妝：

……經史典籍三百六，還有種種金玉飾，以此賞賜我嬌女。……工巧技藝製作術，如此工藝六百法，以此賞賜我嬌女。四百又四醫方藥，四方五珍四論典，六醫器械皆賜汝。一世溫暖錦綾羅，具滿各色作服飾，凡兩萬匹賜與汝。……

根據《吐蕃王朝世系明鑑》，文成公主的嫁妝多得數不清，歸納起來有佛像、珍寶、經典、飾物、織品、藥物、作物等等，還有各種工匠和二十五名侍女，以及烹調、占卜、工藝、醫藥方面的專書。

文成公主下嫁後，松贊干布再也不曾騷擾邊境。西元六五〇年，松贊干布去世，文成公主仍留在西藏，又過了三十年才離開人間。

喇嘛教

藏傳佛教屬於大乘佛教的密宗，正式名稱應為「藏密」。藏人稱僧人為喇嘛，外人不明就裡，遂稱藏密為喇嘛教。松贊干布皈依佛教，只能算是佛教傳入的序幕。八世紀中葉，藏王赤松德贊從印度請來蓮花生上師，這時印度的佛教盛行密教，蓮花生以密教為主，加上藏族本土宗教（本教）的成份，創立了藏密。蓮花生創立的藏密，後來稱為寧瑪派，他們戴紅帽，漢人稱為紅教。十一世紀初，孔道卡爾波在後藏開創薩迦派，這一派喜歡在廟牆上塗上紅、白、黑三色條紋，漢人稱為花教。十一世紀中葉，瑪爾巴創立噶舉派，這一喜歡在廟牆上塗上白色，漢人稱為白教。後來白教又分化出幾個派別，其中一派穿黑衣、戴黑帽，漢人稱為黑教。十四世紀初，宗喀巴創立格魯派，他們戴黃帽，漢人稱作黃教。從十五世紀至今，黃教是藏密的最大派別。

菩提本無樹，明鏡亦非台——慧能與禪宗

唐高宗時，嶺南（今廣東）有位盧姓樵夫送柴火到一家客棧，被一位客人的誦經聲吸引住了。他仔細聆聽，心中若有所悟，便走過去問道：

「先生，您念的是什麼經？」

客人回答：「是《金剛經》。」

他又問：「您從哪兒來的？」

客人回答：「我是從蘄州黃梅的東禪寺來的，禪宗五祖弘忍大師正在那裡說法。」

黃梅位於現今的湖北，距離嶺南很遠。這時盧姓樵夫已三十三歲，他反覆思量，決定不避艱難，前往黃梅學佛。他走了三十多天，來到黃梅東禪寺拜見五祖，說明自己學佛、成佛的心願。

當時嶺南還沒完全開化，五祖不屑地說：「你是嶺南人，是個蠻子，還想成什麼佛？」

盧姓樵夫理直氣壯地回答：「人有南北，佛也有南北嗎？」

五祖吃了一驚，就把他留下，在碾米房裡做雜工。八個月後，五祖宣佈，他年紀大了，要把衣缽傳給最明白佛理的弟子，於是傳令下去，要大家將自己的心得寫成一首詩，看看誰悟通佛理。

五祖的大弟子神秀，苦思了好幾天，終於作成一首詩：

身是菩提樹，心如明鏡台；
時時勤拂拭，勿使惹塵埃。

全詩的意思是說：人的身心原本潔淨無瑕，要時時小心，以免沾染上不好的東西。菩提樹是印度的聖樹，傳說釋迦牟尼就是在菩提樹下悟道的。

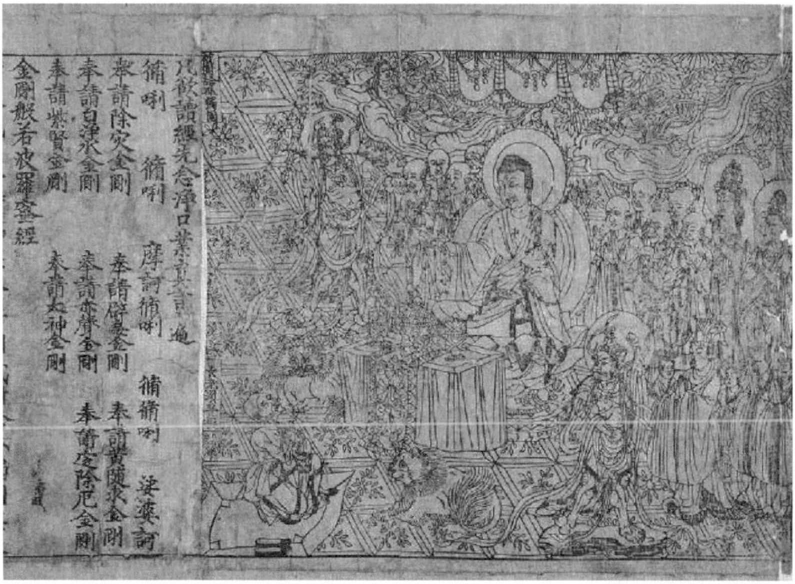

唐．咸通九年（868）刻《金剛經》卷首圖，大英博物館藏，為世上現存最早刻版書。（維基百科提供）

神秀考慮了許久，半夜偷偷將詩寫在牆上。他的意思是：如果五祖稱讚，他就說是自己作的；如果不稱讚，就不說是自己作的。這樣一方面不失面子，一方面可以保留爭取衣缽的機會。

第二天，五祖看到牆上的詩，知道是神秀寫的，表面上加以稱讚，傳令寺裡的人都要誦念，私下卻對神秀說：「你只到門外，還沒到門內，你再作一首給我看吧。」

兩天後，一名小和尚走過碾米房，邊走邊念神秀的詩。正在舂米的盧姓雜工聽了，問道：「你念什麼？」

小和尚不屑地說：「你這蠻子知道什麼！這是神秀作的，寫在南廊的牆上，五祖叫廟裡的人都要誦念。」說著，就把五祖傳令作詩的事告訴他。

盧姓雜工來到神秀寫詩的牆下，他不識字，便請人念給他聽，聽罷說：「我也作了一首，請您替我寫在牆上吧。」他作的是：

菩提本無樹，明鏡亦非台；
本來無一物，何處惹塵埃？

盧姓雜工作詩的事，轟動了全寺，五祖來到牆下，看到眾人驚奇的神色，就脫下鞋子，把詩擦了，邊擦邊說：「也沒悟通佛理。」

第二天，五祖悄悄來到碾米房，問盧姓雜工：「米舂好了嗎？」雜工聽出五祖的言外之意，就說：「早就好了，還沒篩過。」五祖用手杖在地上敲了三下，隨即離去。

當晚三更，盧姓雜工悄悄來到五祖的經堂，五祖關上門窗，為他講解《金剛經》，聽後豁然大悟，對五祖說：

「我明白了，要求佛法，要從我們的心中去求啊！」

五祖知道他已悟通佛理，就對他說：「你已經是我們禪宗的六祖了。」拿出衣缽傳給他，要他趕快離開黃梅，免得同門師兄弟嫉妒。

這位盧姓雜工就是六祖慧能（六三八～七一三）。慧能之前，禪宗只是個小宗派；慧能之後，禪宗才開始發揚光大。慧能主張用「頓悟」（直覺）的方法學佛，將原本講究思辨的佛教，徹底中國化了。

慧能為禪宗傳入中國後的六祖，但從摩訶迦葉算起，為三十三祖。取自虛雲重輯《佛祖道影》。

南頓北漸

五祖弘忍圓寂後，神秀和慧能各立門戶。唐高宗儀鳳二年（六六七），慧能到曹溪寶林寺（今韶關南華寺）弘法，駐錫三十七年，寶林寺遂成為禪宗祖庭。慧能一派主張頓悟，人稱南宗。武則天大足元年（七〇一），則天迎請神秀至洛陽，其教法在長安、洛陽間盛行。神秀一派主張漸悟，人稱北宗。神秀、慧能宗風不同，故有「南頓北漸」之稱。開元二年（七三〇），惠能弟子神會在滑台（今河南滑縣）的無遮大會上，辯倒神秀門人崇遠、普寂。中唐後，南宗人才輩出，北宗逐漸沒落。

慧能晚年在詔州大梵寺說法，弟子將他的講詞記錄下來，這就是有名的《六祖壇經》（簡稱壇經）。中國人的佛教著作，只有《壇經》被稱為「經」。《壇經》是了解慧能、研究禪宗的第一手資料。《壇經》分為十品（章），第一品「自序」，記敘得法經過；第十品「付囑」，記敘臨終及圓寂；其餘各品以說法語錄為主。

憶昔開元全盛日，小邑猶藏萬家室——唐明皇和楊貴妃

武則天先後把自己的兩個兒子——中宗（李顯）、睿宗（李旦）——趕下台，自己當上皇帝，建立「武周」王朝。西元七〇五年，武則天病重，大臣擁戴中宗復位，唐朝恢復。中宗懦弱無能，大權落在皇后（韋后）和妹妹太平公主手中。西元七一〇年，韋后毒死丈夫（中宗），圖謀效法武則天稱帝。

這時睿宗的兒子李隆基已經二十六歲了，他不像懦弱的父親，反而像祖母（武則天）和曾祖父（唐太宗），他聯合姑姑太平公主發動政變，殺死韋后，擁戴睿宗復位，自己當上太子。七一二年，睿宗把皇位讓給李隆基，他就是唐玄宗，也就是唐明皇。

唐明皇登基後，和太平公主間的鬥爭愈演愈烈。七一三年夏，他先下手為強，一舉消滅太平公主的勢力。武則天和唐高宗生下四男、二女，長女早夭，次女就是太平公主李令月。她從小受到父母、兄長（中宗、睿宗）寵愛，《舊唐書》說她：「二十餘年，天下獨有太平一公主，父為帝，母為后，夫為親王，子為郡王，貴盛無比。」她的相貌和性格都

《歷代古人像贊》唐玄宗像，明弘治十一年（1498）刊刻。左側題詞：「前任忠諫，後蠱邪兇。靡不有初，鮮克有終。」

像母親，要是她的對手不是李隆基，很可能成為第二個武則天！

同年十二月，唐明皇將年號改為「開元」，開啟了有名的開元之治，唐朝的國力達到巔峰。唐明皇在位的開元（七一三～七四一）、天寶（七四二～七五六）年間，學者稱為盛唐。我們所說的大唐盛世，主要是指初唐到盛唐，為時約一四〇年。盛唐詩人杜甫寫過兩首〈憶昔〉，其中一首回憶開元盛世：

憶昔開元全盛日，小邑猶藏萬家室。稻米流脂粟米白，公私倉廩俱豐實。九州道路無豺虎，遠行不勞吉日出。……

（回憶開元全盛時期，連小縣城都有萬戶人家。稻米和小米又多又好，公私倉庫都裝滿了。全國各地路上沒有強盜，出門不必選日子……）

可惜好景不長，到了開元末期，已經逐漸露出敗象。中唐詩人白居易的敘事詩〈長恨歌〉，敘說唐明皇和楊貴妃的愛情故事。讓我們透過這首詩，看看唐朝由盛轉衰的歷程。

開元末期，唐明皇認為天下太平，不再需要操心，漸漸不理政事，過著驕奢淫逸的生活。七三七年，他最喜歡的妃子武惠妃死了，後宮美人雖多，但沒有一個滿意。「**漢皇重色思傾國，御宇多年求不得**」，說的就是此事。

大約開元二十八年（七四〇），唐明皇終於找到傾國佳人，她竟是自己的兒媳婦！明皇有二十三個兒子，他偶然遇見第十三子壽王李瑁的妃子楊玉環，驚為天人。翁媳戀不合倫常，為了掩人耳目，假裝安排她出家當道姑，天寶四載（七四五）正式迎回宮中，冊封為貴

唐・張萱〈虢國夫人春遊圖〉宋摹本局部，張萱為唐玄宗時宮廷畫家。繪楊貴妃三姐虢國夫人（中左）、八姐秦國夫人（中右）出遊時豪奢情景，遼寧省博物館藏。（英文版維基百科提供）

妃。這年楊貴妃二十七歲，唐明皇六十一歲。

楊貴妃風情萬種，體態豐腴，她「回眸一笑百媚生，六宮粉黛無顏色」，唐明皇不再理會其他嬪妃，以致「後宮佳麗三千人，三千寵愛在一身」。這還不說，明皇又對楊貴妃的家族大事封賞，三個姐姐分別封為韓國夫人、虢國夫人和秦國夫人；堂兄楊國忠是個賭徒，竟然當上大官。難怪「遂令天下父母心，不重生男重生女」。

楊貴妃喜歡吃鮮荔枝，唐明皇命嶺南（廣東）進獻。晚唐詩人杜牧寫過一首〈過清華宮〉諷刺此事：

長安回望繡成堆，山頂千門次第開；
一騎紅塵妃子笑，無人知是荔枝來。

差官騎著快馬飛奔而來，宮裡的妃子高興的笑了，別人還以為是傳送緊急公文呢！

開元初期，唐明皇任用賢能，到了開元末期，任用口蜜腹劍的李林甫當宰相，李林甫死後，由楊國忠繼任，朝政愈來愈壞，天寶十四載（七五五）十一月，邊將安祿山以討伐楊國忠為藉口，起兵叛亂，「漁陽鞞鼓動地來，驚破霓裳羽衣曲」。唐明皇喜歡音樂，他會彈琵琶、打鼓，也會作曲，以〈霓裳羽衣曲〉最有名，傳說是專為楊貴妃作的舞曲。

天寶十五載六月，叛軍攻陷潼關，明皇帶著楊貴妃倉皇逃往四川，途經馬嵬坡（今陝西興平）驛站，軍隊嘩變，要求懲治楊國忠兄妹，史稱馬嵬坡之變。軍士先殺楊國忠，再圍住驛站要求賜死楊貴妃。「**六軍不發無奈何，宛轉蛾眉馬前死**」，「**君王掩面救不得，回看血淚相和流**」。楊貴妃成為代罪羔羊，被縊死於梨樹下。

大漠孤煙直，長河落日圓——從謳歌戰爭到反對戰爭

唐玄宗開元、天寶年間，稱為盛唐。盛唐的四十三年，湧現出一大批詩人，是中國詩壇的黃金時代。除了詩仙李白、詩聖杜甫，田園詩人王維、孟浩然，邊塞詩人岑參、高適、王昌齡，都是大家耳熟能詳的著名詩人。

盛唐時人們精神煥發、意氣昂揚，浪漫、樂觀成為時代的主旋律。即使是描寫殘酷的戰爭，盛唐詩人也少有負面情緒，在中國史上，不容易找到類似的時代。

唐玄宗時，唐朝的勢力越過帕米爾高原，遠至中亞，不少文人參與軍隊，連田園詩人王維都曾奉命到前線宣慰將士，留下描寫沙漠的名句「大漠孤煙直，長河落日圓」。岑參在軍中十餘年，所寫的都出自親身經歷，他寫飛砂走石：「隨風滿地石亂走」，寫酷寒：「幕中草檄硯水凝」，身處這樣嚴酷的環境下，岑參的邊塞詩絕少反戰情緒，顯然和當時的時代背景有關。

有些詩人只憑想像，就寫出膾炙人口的邊塞詩，譬如王昌齡的「從軍行」：

青海長雲暗雪山，孤城遙望玉門關；
黃沙百戰穿金甲，不破樓蘭誓不還。
（青海的烏雲遮暗了雪山，遙望孤城正是玉門關；沙漠中歷經百戰磨穿盔甲，不消滅敵人誓不歸還。）

這首詩豪邁雄放，寫出人們對勝利的期盼。盛唐時，歌頌戰爭的詩很多，適可反映當時浪漫、樂觀的精神狀態。

西元七五五年（天寶十四載）爆發安史之亂，意氣昂揚的盛唐一去不返，時序進入中唐。李白生性浪漫，戰亂對他的詩風影響不大。詩聖杜甫的詩原先並沒什麼特色，安史之亂前後，詩風大變，天寶十六載三月寫下著名的〈春望〉：

國破山河在，城春草木深。感時花濺

敦煌陽關東路人行道上的詩畫地磚。（作者攝）

淚，恨別鳥驚心。
烽火連三月，家書抵萬金。白頭搔更短，渾欲不勝簪。

這首詩收入國文課本，相信大家都讀過吧，若非親歷戰亂，是寫不出這麼深沉的語句的。杜甫更以詩記述社會真相，寫出震撼人心的「史詩」，試看他的〈兵車行〉：

車轔轔，馬蕭蕭，行人弓箭各在腰。
爺娘妻子走相送，塵埃不見咸陽橋。
牽衣頓足攔道哭，哭聲直上干雲霄。
道旁過者問行人，行人但云點行頻。
或從十五北防河，便至四十西營田。
去時里正與裹頭，歸來頭白還戍邊。
邊庭流血成海水，武皇開邊意未已。

成都杜甫草堂大雅堂杜甫塑像。（澳洲 Paul Deng 攝，維基百科提供）

君不聞漢家山東二百州，千村萬落生荊杞。
縱有健婦把鋤犁，禾生隴畝無東西。
況復秦兵耐苦戰，被驅不異犬與雞。
長者雖有問，役夫敢申恨？
且如今年冬，未休關西卒。
縣官急索租，租稅從何出？
信知生男惡，反是生女好。
生女猶得嫁比鄰，生男埋沒隨百草。

怛羅斯之役

唐代的疆域主要是初唐開拓的，唐玄宗時，唐朝的勢力已遠至中亞，和新興起的回教勢力黑衣大食相遇。天寶十載（七五一），唐朝和大食在怛羅斯地方（位於哈薩克與吉爾吉斯邊境）交戰，大戰五天，唐軍幾乎全軍覆沒。這場戰役以及接踵而來的安史之亂，使得唐朝再也無力經營中亞。經由被俘的唐朝官兵，中國的造紙術開始傳到回教世界。

君不見青海頭，古來白骨無人收。
新鬼煩冤舊鬼哭，天陰雨濕聲啾啾。

這是杜甫反戰的名詩。開篇寫軍人出征，家人送行的慘狀。接著敘寫征兵頻繁，生產凋敝，人民苦不堪言。結論是：生男不如生女，生女還可嫁人，生男只能戰死異域。「新鬼煩冤舊鬼哭，天陰雨濕聲啾啾」，將悲傷情緒推到極致。

中唐詩人白居易的〈新豐折臂翁〉，是另一首著名的反戰詩：

新豐老翁八十八，頭鬢眉鬚皆似雪。
玄孫扶向店前行，左臂憑肩右臂折。
問翁臂折來幾年？兼問致折何因緣？

老翁答道，天寶年間，因害怕被徵去當兵，偷偷用大石頭把自己的右臂打斷，「骨碎筋傷非不苦，且圖揀退歸鄉土。此臂折來六十年，一肢雖廢一身全」，所以他一點兒都不後悔。

天中戀明主，海外憶慈親——中日文化交流

唐玄宗天寶十二載（七五三），在朝廷當秘書監（官名）的日本人晁衡就要回國了，好友爭著為他送行，王維寫下〈送秘書晁監還日本國〉。其中兩句：「**向國唯看日，歸帆但信風**」，寫出當時利用太陽判別方位、藉著季風航行的真實情形。

晁衡原名阿倍仲麻呂，開元五年（七一七），他十九歲，隨同第九次遣唐使來到中國。從隋朝起，日本就派人到中國留學，進入唐朝，派的次數更密、人數更多。阿倍仲麻呂這次，來了四艘船，共五百五十七人。

阿倍仲麻呂經過數年苦讀，考上進士，起初在洛陽當官，不久就調到中央，甚得皇帝信任，晁衡這個漢名就是唐玄宗賜的。在京城期間，他結識了王維、李白等著名詩人，經常互相唱和。

晁衡在中國待了三十六年，獲准告老還鄉，他辭別唐玄宗和一干好友，到蘇州跟隨遣唐使回國。此行玄宗還讓他擔任回訪使，臨行作詩〈銜命使本國〉：

日本平安時代繪遣唐使船，約繪於八～九世紀。（維基百科提供）

銜命將辭國，非才忝侍臣。天中戀明主，
海外憶慈親。
伏奏違金闕，騑驂去玉津。蓬萊鄉路近，
若木故園鄰。
西望懷恩日，東歸感義辰。平生一寶劍，
留贈結交人。

使本國，出使日本；辭國，辭別中國；中天，原指洛陽，借指中國；金闕，指皇宮；騑驂，拉車四匹馬中轅外的兩匹；玉津，指銀河，借指中國；若木，指扶桑，東方日出之處。讓我們試著譯成白話：

銜命辭別中國，不才忝任侍臣。中土遇到
明主，思念海外慈親。
奏請別離朝廷，駑馬辭去玉津。蓬萊歸鄉
路近，扶桑故園為鄰。

西望懷恩日子，念念東歸時辰。平生所蓄寶劍，留贈結交友人。

後來從日本傳回消息，晁衡的船在琉球遇到暴風，他的好友都以為他遇難了，李白寫了首〈哭晁卿衡〉：

日本晁卿辭帝都，征帆一片繞蓬壺；
明月不歸沉碧海，白雲愁色滿蒼梧。

詩中的「卿」字，是對人的尊稱。帝都，指京城長安。蓬壺（澎湖）、蒼梧，都是傳說中的海上仙山。「明月」，比喻晁衡。讓我們試著把這首詩譯成白話：

日本人晁衡辭別帝都，一葉孤帆繞過蓬壺；
明月般的他沉海不歸，愁雲慘霧籠罩蒼梧。

其實，晁衡並沒死，他的船漂流到越南，歷經艱險，又回到長安。不久發生安史之亂，只好打消回國的念頭，繼續留在中國當官，最後死在中國。

西元七一七年（開元五年），晁衡來到中國的第九次遣唐使，還有位重要的歷史人物，他就是吉備真備，傳說假名就是他創立的。

吉備真備在中國待了十九年，學習儒學、天文、音樂和兵學，西元七三五年（開元二十三年）歸國，帶回大批典籍和器物，成為太子（孝謙天皇）的老師。七五二年，以遣唐使副使的身份，再次來到中國，翌年十月回國，同行的有滯留中國三十六年的晁衡和鑑真和尚。

這次遣唐使共四艘船，在琉球附近，船隊被暴風吹散，晁衡的船漂流到越南，吉備真備和鑑真的船於翌年到了日本。在這之前，鑑真曾五度試圖赴日弘法，都沒有成功。

鑑真是揚州高僧，西元七四二年，兩位日本留學僧到揚州拜謁鑑真，希望他能赴日弘法。這年鑑真已五十五歲，一種莫名的使命感，讓他毅然決然答應下來。第一次東渡，被

日本奈良唐招提寺鑑真夾苧乾漆像，約作於763年。（維基百科提供）

人誣告和海盜勾結；第二次遇到暴風；第三次又被誣告；第四次被官府阻攔；第五次遇到強風，漂流到海南島。皇天不負有心人，鑑真赴日弘法終於如願以償。

鑑真到達日本，受到孝謙天皇禮遇，讓他統領日本僧尼，成為一代宗師。鑑真還精通醫學，長於書法，對日本都有深遠的影響。

傳說鑑真抵達日本時，眼睛已經瞎了。日本江戶時期（十七世紀）的著名詩人松尾芭蕉，有次到招提寺，寫下俳句〈謁鑑真像〉，直譯為「**我以一片／嫩葉來擦拭掉您／眼睛中的淚。**」（採自網路「自由部落」）漢譯的話，或許可譯為「我欲採嫩葉，為師拭淚痕」吧。

大化革新

日本派往中國的留學生相繼歸國，他們帶回新的知識和觀念。西元六四五年，日本孝德天皇即位，年號大化。六四六年元旦，下詔改革，史稱大化革新。大化革新的主要內容，是政治、經濟制度向中國學習。大化革新之前，天皇沒有實權，大化革新之後，形成以天皇為首的中央集權國家。

俳句是一種日本古典短詩，由十七個音節（日文字母，即假名）構成，分為三行，每行分別為五、七、五個音節。江戶時期的松尾芭蕉，有俳聖之稱。俳句必須有個「季語」，直接或間接表示季節，〈謁鑑真像〉中的嫩葉，就是季語。

落花踏盡遊何處？笑入胡姬酒肆中——胡姬，胡樂，胡旋舞

長安有十二座城門，正東的春明門，又稱青綺門。出了春明門，往東就是灞橋，送人遠行通常只送到灞橋。灞橋兩岸遍植楊柳，送別時人們習慣折一根柳枝送給遠行者。「柳」和「留」諧音，以示依依不捨。折柳已成典故，意為送別。

西元七四四年，也就是天寶三年秋，裴圖南辭官到嵩山隱居，好友李白為他餞行，他們來到城東的青綺門，經過胡人開的酒館，一位金髮碧眼、皮膚白皙的胡人少女（胡姬），操著不怎麼純熟的中國話向他們招攬生意：

「先生，我們有葡萄酒，有烤全羊，有爐餅……」

她正說著，被李白狂放的笑聲打斷，手指著少女說：「還有漂亮的胡姬！」大笑聲中，他率先踏進那家胡人開的酒館。葡萄酒引發他的詩興，即席寫了首〈送裴十八圖南歸嵩山〉。唐朝人喜歡稱呼人的排行，裴圖南排行第十八。這首詩的前四句是：

何處可為別？長安青綺門；

胡姬招素手，延客醉金樽。

（哪裡適合餞別？長安青綺門一帶。胡姬揮動著雪白的手，延攬客人到店裡喝酒。）

唐時送人遠行，大多在青綺門內外餞別；但平時品嘗異國風味，長安西市才是首選。再看李白的《少年行》：

五陵年少金市東，銀鞍白馬度春風；
落花踏盡遊何處？笑入胡姬酒肆中。

五陵年少，指闊綽公子。金市，即西市。盛唐時，版圖擴展到中亞，許多波斯人到長安經商，西市是他們的大本營。風姿綽約的波斯少女（胡姬），吸引著文人雅士前往買醉。

當時南方的廣州、泉州，中部的揚州，北方的長安，都有大批外國人定居。廣州、泉州的外國人是從海路來的，主要是阿拉伯人和波斯人。長安的外國人有從陸路來的，主要是波斯人，也有從廣州、泉州等通商口岸轉過來的。

來了這麼多外國人，伴隨著帶來了他們的宗教、文化和生活習俗。波斯人信奉祆教（拜火教），阿拉伯人信奉回教，敘利亞人信奉景教（基督教一支），各自在長安建立起教堂，都有不少信眾。

當時來華的外國人以商人為主，大商人做進出口生意，小商人開商店，其中以開餐廳、酒館的最多。漢人民風保守，婦女絕不拋頭露面，波斯人的酒館，女服務生（胡姬）不但打理內外，有時還會秀舞！

請看李白〈前有一樽酒行〉的後半段：

胡姬貌如花，當壚笑春風。
笑春風，舞羅衣，
君今不醉將安歸！

胡人來多了，中國人難免受到影響，試看元稹〈法曲〉的後八句：

唐三彩胡商駱駝俑，上海博物館藏。（維基百科提供）

自從胡騎起煙塵，毛毳腥膻滿咸洛。
女為胡婦學胡粧，伎進胡音務胡樂。
火鳳聲沈多咽絕，春鶯囀罷長蕭索。
胡音胡騎與胡粧，五十年來競紛泊。

火鳳、春鶯，中國樂曲名；「多咽絕」、「長蕭索」，指沒有生氣。可見當時婦女流行胡妝；樂人捨棄了無生氣的中國音樂，流行起胡樂。來自中亞的胡風，已成為長安（咸陽）、洛陽的時尚。

唐代傳到中國的舞蹈有兩種——柘枝舞和胡旋舞，兩者都舞步快速，和中國舞蹈大異其趣。天寶末年，中亞進獻一批跳胡旋舞的年輕女孩（胡旋女），胡旋舞開始在宮廷流行，楊貴妃就很會跳，還曾經和安祿山對舞呢！白居易寫過一首長詩〈胡旋女〉諷刺此事，請看詩的前幾句：

胡旋女，胡旋女，心應弦，手應鼓。
弦鼓一聲雙袖舉，回雪飄飄轉蓬舞。
左旋右旋不知疲，千匝萬周無已時。

初唐敦煌壁畫《阿彌陀經》經變圖（局部）舞樂圖部分之胡旋舞。（維基百科提供）

人間物類無可比，奔車輪緩旋風遲。

可知這是一種快速旋轉的舞蹈。接下去詩人說：「祿山胡旋迷君眼」、「貴妃胡旋惑君心」，將安史之亂推給皇帝喜歡胡旋舞，未免太沉重了。

蹴鞠屢過飛鳥上，鞦韆競出垂楊裡——唐代的馬球和足球

唐中宗景龍四年（七一〇）正月，吐蕃使者前來迎娶金城公主，中宗請吐蕃使者觀看馬球。吐蕃使者說：「我的隨從也會打球，就讓他們下場比一下吧。」連賽幾場，都由吐蕃隊得勝。中宗覺得很沒面子，就找來馬球高手臨淄王李隆基，他和另三人下場，以四打十，把吐蕃隊打得潰不成軍。

李隆基就是日後的唐玄宗，也就是唐明皇。他喜歡音樂、戲曲，也喜歡足球和馬球。宋代詩人晁無咎，曾為一幅〈明皇打毬圖〉題詩：

宮殿千門白晝開，三郎沉醉打毬回；
九齡已老韓休死，明日應無諫疏來。

毬，即球；打毬，指馬球。三郎，指唐玄宗，他行三。九齡指張九齡，和韓休都是開元年間賢相。全詩諷刺唐玄宗晚年耽於逸樂，已沒有賢臣向他進諫了。

唐・章懷太子墓壁畫〈打毬圖〉局部，顯示唐代馬球運動的真實情景（維基百科提供）。章懷太子李顯，武則天次子，為武氏逼死。唐中宗神龍二年（706），迎其柩陪葬乾陵，壁畫當作於這年前後。

唐代所說的「打毬」，專指馬球，也就是馬上曲棍球。唐代的馬球，兩隊人數不定（現今每隊四人），各持末端彎曲的球杖騎馬奔馳，將中空的木球打入對方球門。

馬球源自波斯，後來傳到周邊國家。唐人也稱馬球為「波羅毬」，這是藏語的音譯（至今西方人仍稱馬球為polo），可見馬球是由西藏間接傳到中國的。中宗時吐蕃使者的馬球隊之所以那麼厲害，也就不足為奇了。

唐代人喜歡運動，屬於軍事體育的以馬球（打毬）為主，屬於軍事體育兼娛樂的以足球為主。古人將足球運動稱為「蹴鞠」。蹴，即踢；鞠，即球。有時也稱為「打鞠」，這裡的「鞠」字，專指足球。

足球源自中國，至遲春秋戰國就出現了。起初使用填充獸毛的皮球，彈性不足，技巧上受到限制。到了唐代，開始使用充氣的動物膀胱，再用八塊皮縫合，這種球彈性良好，可以施展各種技巧。唐代的球門用兩根竹竿架起球網，分成兩隊比賽，已和現今的足球相似。

唐代時，清明前後人們熱衷兩種娛樂：男子踢足球，女子盪鞦韆。盛唐詩人王維的〈寒食城東即事〉，描繪寒食蹴鞠的習俗，詩中後四句：

元・錢選〈宋太祖蹴鞠圖〉局部，上海博物館藏。（維基百科提供）圖中右前方為宋太祖。原畫為宋代畫家蘇漢臣所繪，此幅為錢選臨摹之作。

蹴鞠屢過飛鳥上，鞦韆競出垂楊裡；
少年分日作遨遊，不用清明兼上巳。

「蹴鞠屢過飛鳥上」，形容球踢得很高。「鞦韆競出垂楊裡」，描寫女孩子在柳蔭下盪鞦韆的情景。「上巳」，指上巳節，即陰曆三月初三。寒食、清明、上巳相距不遠。全詩是說：男孩子整天踢足球，女孩子整天盪鞦韆，哪裡限於清明和上巳呢！

民間喜歡足球，軍中也喜歡，中唐詩人韋應物的〈寒食後北樓作〉：

園林過新節，風花亂高閣。
遙聞擊鼓聲，蹴鞠軍中樂。

可見清明前後軍中也熱衷踢足球。

金城公主

唐中宗神龍三年（七〇七）三月，吐蕃太后遣使獻方物，並為其孫（赤德祖贊）請婚。詔以在宮中長大的雍王守禮之女出嫁。當時赤德祖贊和金城公主年紀還小，三年後才命大臣護送入藏，中宗親至始平（今陝西興平），設宴百官，文士賦詩為公主餞別，《全唐詩》以〈奉和送金城公主適西蕃應制〉或〈奉和送金城公主適西蕃〉為題的詩作達十七首之多，如徐彥伯〈奉和送金城公主適西蕃〉：「鳳扆憐簫曲，鸞閨念掌珍。羌庭遙築館，廟策重和親。星轉銀河夕，花移玉樹春。聖心淒送遠，留蹕望征塵。」金城公主居吐蕃三十年，名王赤松德贊傳為其子。赤松德贊任內，吐蕃國勢達到鼎盛，曾奪取隴右，攻陷長安。

昔時繁盛皆埋沒，舉目淒涼無故物——黃巢之亂

中國的科舉制度始自隋代，到了唐代，已相當成熟。青年學子要想成大功、立大業，只有參加科舉考試，取得進士學位一途。

唐朝末年，山東曹州有位青年到長安應考，他身材高大，相貌獰惡，一點兒也不像個文人。他已考過幾次，都名落孫山。進士考試結束，考生通常留在長安等著看榜。榜單貼出來，他排開眾人，擠進看榜的人群，從頭到尾看了好幾遍，就是找不到自己的名字，他不能不承認，他又落榜了。

這位身材高大、相貌獰惡的考生，姓黃，名巢，出身鹽商家庭，家境富有，從小學文學武，喜歡結交江湖好漢。連續落榜，不禁想到自己的未來，是繼續應考，還是豁出去大幹一番？在憤懣中，他作了首〈不第後賦菊〉：

待到秋來九月八，我花開後百花殺。
沖天香陣透長安，滿城盡帶黃金甲。

京劇《祥梅村》黃巢劇照，取自《中國京劇戲考·京劇劇本·祥梅寺》。右側《祥梅村》黃巢臉譜，取自夏麗蓮編撰《夏元瑜教授手繪國劇臉譜集錦》。民間傳說，黃巢像貌獰惡，麻面（以金錢印象徵），有獠牙。

菊花秋季開花，菊花開過，其他的花都凋萎了（待到秋來九月八，我花開後百花殺）；沖天的香氣傳遍長安，滿城盡是金黃色的菊花（沖天香陣透長安，滿城盡帶黃金甲）。表面上句句寫菊花，卻透露出逼人的殺氣。一場滔天大禍即將降臨。

安史之亂後，降將和平叛的將領成為軍閥（藩鎮），他們魚肉百姓，弄得朝廷的力量愈來愈弱，人民的生活愈來愈苦，使不肖之徒有了滋長的土壤。黃巢回到家鄉，開始組織鹽幫，販運私鹽。古時鹽由官府專賣，黃巢出身鹽商家庭，照道理和私鹽是死對頭。他組織鹽幫，和官府作對，顯然是為了招攬亡命，壯大自己的力量。

西元八七五年，河南私鹽首領王仙芝起兵造反，黃巢立即響應。八七八年，王仙芝被殺，黃巢成為叛軍的領袖。從黃巢起兵，到八八四年被部屬所殺，各藩鎮為了保全實力，並未有效防堵，使他有了流竄的空隙。他流竄到哪兒，就殺到哪兒，八七九年流竄到廣州，單單是阿拉伯、波斯和猶太人外商，就被他殺了二十多萬人！

黃巢先從山東打到廣東，接著從廣東北上，西元八八一年攻入長安，在含元殿即位，國號大齊，實現了「沖天香陣透長安，滿城盡帶黃金甲」的願望。他的部屬隨意殺人，唐朝皇室沒來得及逃的全遭殺害。翌年唐軍曾短暫光復長安，隨即又被黃巢攻佔，他痛恨市民協助官兵，下令屠城，繁華的長安幾乎成為廢墟。

晚唐詩人韋莊，寫了首敘事詩〈秦婦吟〉，借著一名從長安逃出來的婦女，道盡黃巢盤據長安時的慘狀。這首詩很長，讓我們看看其中幾句吧：

……長安寂寂今何有？廢市荒街麥苗秀。……含元殿上狐兔行，花萼樓前荊棘滿。昔時繁盛皆埋沒，舉目淒涼無故物。內庫燒為錦繡灰，天街踏盡公卿骨。……

含元殿是皇宮正殿，花萼樓是宮內觀看歌舞的場所，內庫指皇家倉庫，天街指長安的中軸朱雀大街，了解了這幾個詞，就更能體會詩意了。

西元八八三年，黃巢撤出長安，為了因應軍糧，開始以人肉為食，被吃掉的不下幾十萬人！翌年黃巢被部下所殺，擾攘達十年、殺人超過八百萬的亂事才算平定。

黃巢之亂前，藩鎮割據的現象已很嚴重；黃巢之亂後，平亂有功的將領，和黃巢軍降將成為新的藩鎮。唐朝又勉強維持了二十三年，西元九〇七年為黃巢降將朱溫所篡，國號梁，史稱後梁，歷史畫卷進入「五代」時期。

祥梅寺

京劇《祥梅寺》，故事取自《殘唐五代史演義》，大意如後。祥梅寺了因和尚與黃巢為友，了因一日抓獲一名偷取佛前燈油的小鬼，詢後始知黃巢將起兵造反，並將殺人八百萬，被殺的第一人即了因；小鬼們連夜趕造生死簿，燈油不足，故前來偷取燈油。了因將此事告知黃巢，黃巢答應不會殺他，但起兵時要他躲起來。後來黃巢起兵造反，了因躲進鐘樓，又躲進鼓樓，最後躲進一棵枯樹中。黃巢因無物可殺，乃用枯樹祭刀，了因終究在劫難逃。

春花秋月何時了，往事知多少——五代十國的絕唱

安史之亂後，藩鎮（軍閥）割據的情形已相當嚴重，到了黃巢之亂，割據的情形更嚴重了。西元九〇七年，黃巢降將朱溫篡唐，建立後梁，歷史畫卷進入五代十國階段。

五代指後梁、後唐、後晉、後漢和後周，除了後唐建都洛陽，其他四個政權都建都汴京（今開封）。這五個北方政權都以正統自居，但壽命都不長，加起來不過七十三年。

後晉開國皇帝石敬瑭，原是後唐大將，也是後唐君主李嗣源的女婿。李嗣源死後，他起兵造反，他自知力量不足，就向遼太宗借兵，答應事成後割讓燕雲十六州給遼國，並接受遼國策封，自稱「兒皇帝」。石敬瑭將燕雲十六州割給遼國，使得北方失去屏障，對宋代的國勢影響深遠。

當時南方還有十幾個政權，其中勢力較大的有十個，和北方的五代，合稱「五代十國」。西元九六〇年，後周大將趙匡胤（宋太祖）篡後周，建立宋朝，接著將矛頭指向這些南方政權。

宋朝大軍首先指向四川的後蜀，國君孟昶不戰而降。孟昶被遣送到汴京，不料剛到汴京就莫名其妙地死了。他最喜歡的妃子花蕊夫人，人長得漂亮，還精通詩詞，是有名的才女。趙匡胤慕名已久，就把她納入後宮，成為自己的妃子。

有一天，趙匡胤以半開玩笑的口吻問花蕊夫人：「當時妳怎麼不殉國呢？」花蕊夫人隨口吟出〈口占答宋太祖述亡國詩〉：

君王城上豎降旗，妾在深宮哪得知；
十四萬人齊解甲，寧無一個是男兒？

「口占」，就是隨口吟出。這首詩既回答了趙匡胤的提問，也深沉地說出自己心中的遺憾：「後蜀十四萬大軍一齊繳械，難道就沒有一個男子漢嗎？」

宋太祖趙匡胤次第消滅南方政權，西元九七三年，宋太祖命南唐國主李煜（九三七～九七八）到汴京朝見，李煜推說自己有病，

花蕊夫人像，取自清・顏希源撰輯《百美新詠圖傳》。（維基百科提供）

不肯前往，宋太祖派兵征討，九七五年攻陷金陵（今南京），李煜被俘，南唐滅亡。

李煜是南唐末代君主，一般稱作李後主。他不是個稱職的皇帝，卻是首屈一指的大詞人。大約初唐，出現了一種新式的詩，稱為「詞」。詞的句式長短不一，但有一定格式。到了五代，詞開始盛行，李後主是最著名的一位。

李後主被俘，押往汴京，封為「違命侯」，過著屈辱的軟禁生活。西元九七六年，宋太祖暴斃，其弟趙光義即位，是為宋太宗。宋太宗找人探視李後主，他嘆口氣說：「當初不該錯殺潘佑和李平。」潘佑和李平曾冒死勸諫後主，卻被他關進監獄，雙雙自殺。宋太宗聽了很生氣，加上他又寫了不少懷舊的詞，就用劇毒把他毒死了。

李後主像，取自《三才圖會》（1609 年刊印）。（英文版維基百科提供）

李後主寫了哪些讓宋太宗不高興的詞？試看〈破陣子〉下片的最後三句：

最是倉皇辭廟日，教坊猶奏別離歌。垂淚對宮娥。

辭廟，指離開金陵的皇宮。教坊，指宮廷樂團。被俘離開皇宮，宮廷樂師奏著離歌，他垂淚對著宮女，這是多麼傷感的畫面啊！

再看他的〈虞美人〉的上片：

春花秋月何時了，往事知多少。

小樓昨夜又東風，故國不堪回首月明中。

這闋詞有種難以言喻的沉痛，據說南唐知識分子讀了，無不淚流滿面。

黃袍加身御海宇，五代紛爭從此止——趙匡胤黃袍加身

清康熙年間，明朝遺民陳忱著《水滸後傳》，藉以抒發亡國之痛。該書第一回，開篇有首長詩，敘說宋朝的歷史。這首長詩的頭幾句是：

殿前點檢作天子，陳橋兵變回京師。
黃袍加身御海宇，五代紛爭從此止。
功臣杯酒釋兵權，神武不殺古無比。

五代的最後一個王朝稱為後周，宋朝開國君主趙匡胤是後周的殿前都點檢（禁衛軍統帥）。西元九五九年，後周世宗（柴榮）去世，年僅七歲的恭帝即位。趙匡胤不禁興起取而代之的念頭。

西元九六〇年春節，趙匡胤命親信製造遼國入侵的假情報，藉口北上禦敵，帶兵離開京城（開封）。正月初三，大軍來到距離京城不遠的陳橋驛（今河南豐丘陳橋鎮），當晚

部下給他披上只有皇帝才能穿的黃袍（黃袍加身），高呼萬歲。後周君臣知道大勢已去，只好讓位，趙匡胤率軍回到京城，建立了宋朝，是為宋太祖，五代紛爭的局面至此結束。

宋太祖趙匡胤（九二七～九七六）是河北涿州人，出身軍人家庭。他年輕時投效後漢將領郭威，立下不少戰功。後來郭威稱帝，建立後周，趙匡胤跟著扶搖直上。郭威去世，養子柴榮繼位，是為後周世宗。

趙匡胤甚得後周世宗的信任，他當上皇帝後，一直禮遇柴家，還遺命子孫，柴家後人犯法，不能判刑，即使造反，也只能賜死，不能當眾殺頭，更不能連坐家屬。《水滸傳》人物小旋風柴進，是後周世宗柴榮的嫡系子孫，家中就有宋太祖御賜的「丹

宋太祖像，作於西元 1000 年頃，故宮博物院藏。（維基百科提供）

書鐵券」。趙匡胤也禮遇知識分子，遺命子孫不能殺害讀書人。宋太祖的溫厚個性，造就了一個溫厚的朝代。

另一方面，安史之亂造成藩鎮（軍閥）割據，到了黃巢之亂，割據的情形更加嚴重。朱溫篡唐，建立後梁，此後歷經後唐、後晉、後漢、後周到宋，創建者不是藩鎮，就是統兵的將帥。

從安史之亂到宋太祖黃袍加身，將近二百年的亂局，都和軍人的勢力過大有關。宋太祖當上皇帝後，不禁憂慮他的部將會不會造反。他稱帝後第三年（九六三）春，有天請一批高級將領吃飯，酒過三巡，宋太祖對他們說：

「我當上皇帝，其實沒你們快樂，我晚上經常擔心害怕地睡不著覺！」

部將們都說：「陛下怎麼說這樣的話，現在天下已定，誰敢再有異心？」

宋太祖說：「人誰不想富貴！要是有一天你們的部下也來個黃袍加身，你們會不心動嗎？」

部將們都說：「我們愚昧無知，請陛下告訴我們應該怎麼做吧。」

宋太祖說：「人生猶如白駒過隙，諸位何不多累積些財產留給子孫。自己嘛，不妨醇酒美人，享樂到老。這樣君臣相安，豈不兩全其美？」

第二天，參加宴會的將領都稱病辭職，這就是有名的「杯酒釋兵權」。陳忱著《水滸後傳》開篇長詩中的「**功臣杯酒釋兵權，神武不殺古無比**」，就是指此事。歷代帝王往往屠殺功臣，宋太祖沒殺一人，卻巧妙地收回兵權，難怪陳忱稱讚他「神武不殺古無比」了。

宋太祖杯酒釋兵權，顯示他的智慧，也顯示了他的仁厚。宋朝文化上的輝煌，不能不說和開國君主的仁厚作風有關。

虜情懾，誓書來，從此年年修好——宋遼戰爭

明代的章回小說《楊家將演義》，第十八回敘述楊家將第一代——楊業兵敗，一頭撞死李陵碑，結尾附一首詩：

矢盡兵亡戰力摧，陳家峪口馬難回；
李陵碑下成大節，千古行人為感悲。

京劇《李陵碑》（又名《二狼山》），就是演述楊業撞死李陵碑的故事。其實楊業是被俘絕食而死的。楊業何以兵敗被俘？故事要從頭說起。

宋太祖建國時，北方是契丹人所建的遼國。後晉的石敬瑭，將燕雲十六州（今北京至大同一帶）割給遼國。宋太祖建國時，遼國有個附庸國——北漢（建都太原），宋朝要想收復燕雲地區，必須先消滅北漢。到了宋太宗，南方已經平定，決定對北方用兵。

西元九七九年，宋太宗御駕親征，開啟了為時二十五年的宋遼之戰。宋軍先擊敗遼國

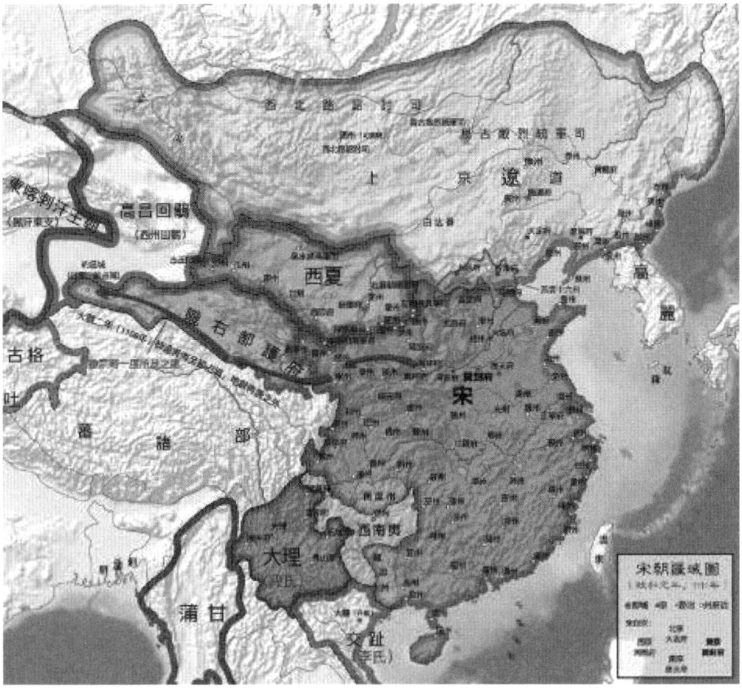

北宋時，宋、遼、西夏形勢，燕雲十六州位於宋遼之間。（玖巧仔繪製，維基百科提供）

援軍，再攻破太原，北漢君主投降，北漢大將楊業仍堅持抗戰，宋太宗請北漢君主勸降，楊業只好跟著降宋。

宋太宗滅了北漢，希望乘勝收復燕雲地區，起初宋軍攻勢凌厲，一直打到幽州（今北京附近），接著兩軍在高梁河（今北京市城西）會戰，宋軍大敗，宋太宗僅以身免，逃回汴京去了。

西元九八〇年，遼軍大舉入侵，楊業在雁門關大敗遼軍，使他成為邊區的民族英雄。幾年後，遼國皇帝去世，繼位的遼聖宗才十二歲，由母親蕭太后執政。宋朝君臣以為有機可趁，九八六年派出三路大軍伐遼，楊業擔任西路軍的副將。

蕭太后是位女中豪傑，她一舉打敗宋朝的中路軍。這時東路軍因糧草不繼，沒能趕到戰場。至於西路軍，由於主將無能，監軍（監督軍隊的文官）胡亂指揮，楊業在陳家峪傷重被俘，絕食而死，享年五十九歲。

楊業撞死李陵碑，取自道光癸未（1823）博古堂刊刻《繡像北宋金鎗全傳》。（英文版維基百科提供）

楊業犧牲後，他的子孫繼續抗敵。宋、元時，民間藝人將楊家將的故事編成戲曲。到了明代，又編成《楊家將演義》，在民間廣泛流傳。

北宋末年，詞人李綱填過一闋《喜遷鶯‧邊城寒早》，詠一百多年前的澶淵之盟，全詞如下：

邊城寒早，恣驕虜，遠牧甘泉豐草。鐵馬嘶風，氈裘凌雪，坐使一方雲擾。廟堂折衝無策，欲幸坤維江表。叱群議，賴寇公力挽，親行天討。

縹緲，鑾輅動，霓旌龍旆，遙指澶淵道。日照金戈，雲隨黃傘，逕渡大河清曉。

六軍萬姓呼舞，箭發狄酋難保。虜情懾，誓書來，從此年年修好。

要了解這闋詞，得先了解一段歷史。宋真宗景德元年（一〇〇四），蕭太后和其子遼聖宗率軍大舉入侵，一路勢如破竹，打到離汴京（今開封）不遠的澶州。宋廷朝野震動，主和派主張遷都到南方，宰相寇準獨排衆議，建議皇帝到前線督戰，激勵士氣，真宗只好勉強同意。

真宗御駕親征的消息傳到前線，宋軍士氣大振。這時澶州城被遼軍三面包圍，遼軍主將蕭撻凜輕敵，率領輕騎十人到澶州城外巡視，被宋軍以威力強大的床弩射死，遼軍的士氣為之重挫。蕭太后聽說蕭撻凜戰死，難過得罷朝五天，決定與宋朝議和。

宋真宗本來就不想打仗，既然遼國願意議和，哪會不同意！年底雙方達成停戰協議，翌年初訂定和約：雙方約為兄弟之國，宋朝每年給遼國「歲幣」白銀十萬兩、絹二十萬匹，遼聖宗稱宋真宗為兄，宋真宗稱遼聖宗為弟，真宗稱蕭太后為叔母。宋朝贏得面子，遼國贏得裡子。澶州是古時的澶淵郡，所以史稱澶淵之盟。

看完這段歷史，再看李綱的詠史詞，就不難懂了。

夏竦何曾聳？韓琦未足奇——宋夏戰爭

北宋初期，外患主要來自北方的遼，和西北方的西夏。西元一〇〇五年，北宋和遼訂定澶淵之盟，宋朝每年給遼白銀十萬兩、絹二十萬匹，雙方維持一百多年的和平，北方的外患基本解決。

北方的問題解決了，西北方的問題卻方興未艾。西夏屬於党項族（羌族的一支）。唐朝時，封他們的首領為夏國公，賜姓李，成為一方藩鎮。西元一〇三二年，年輕有為的夏國公李元昊繼位，積極準備脫離宋朝。一〇三八年，李元昊稱帝，國號大夏（史稱西夏），建都興州（今寧夏銀川）。

北宋與西夏間發生過三次大規模戰役，都以宋軍戰敗收場。宋朝重文輕武，連作戰都由文人領兵，難怪屢戰屢敗了。西元一〇四〇年，北宋和西夏發生第一次大規模戰役——三川口之戰，宋軍戰敗。宋廷派夏竦為陝西略安撫使，韓琦、范仲淹為副使，共同負責迎戰西夏。翌年發生好水川之戰，韓琦不聽范仲淹的勸告，輕舉妄動，幾乎全軍覆沒。跟隨

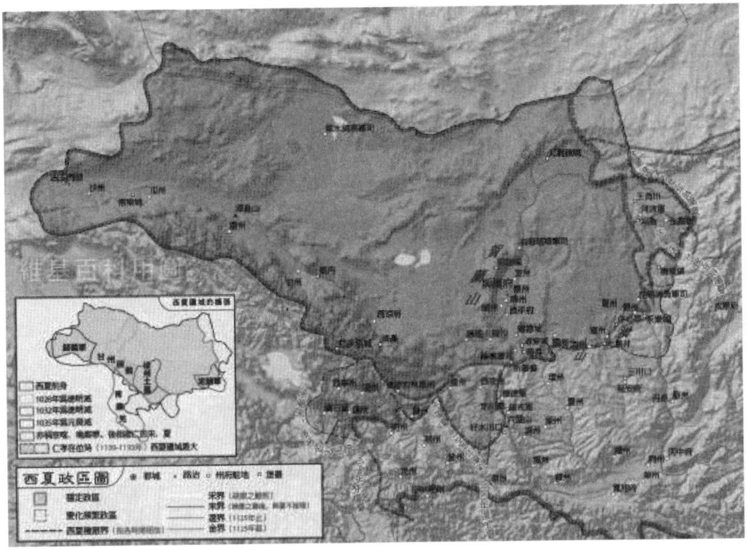

西夏全境圖。（玫巧仔繪製，維基百科提供）

李元昊的漢人謀臣張元，得勝後在寺壁上揮筆題了一首詩：

夏竦何曾聳？韓琦未足奇；
滿川龍虎輩，猶自說兵機。
（夏竦何曾高聳？韓琦不足為奇；
我軍如狼似虎，猶自妄談兵機。）

張元是漢人，會做漢詩不足為奇。事實上，西夏的領導階層大多通曉漢文，李元昊稱帝後，命大臣野利仁榮創製西夏文字，又設立蕃字院、漢字院，教授西夏文和漢文。西夏文創製後，漢文仍和西夏文並用，漢文在西夏文化中仍然占有重要地位。

宋和西夏的第一次戰役——好水川之戰，指揮官就是著名文人韓琦和范仲淹，他

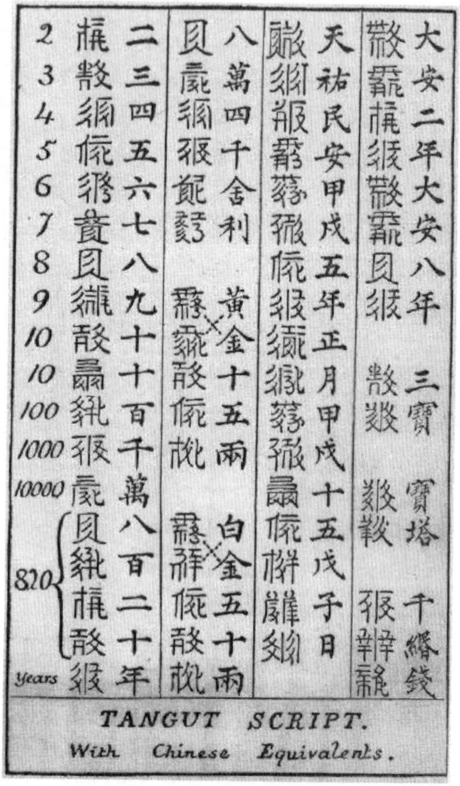

三十七個西夏文、漢文對譯。取自S.W. Bushell論文：The Hsi Hsia Dynasty of Tangut, Their Money and Peculiar Script (Journal of the North China Branch of the Royal Asiatic Society Vol.XXX (1895~1896.)（英文版維基百科提供）

們曾編過一首歌謠，用來鼓舞士氣：

> 軍中有一韓，西賊聞之心膽寒。軍中有一范，西賊聞之驚破膽。

這首自壯聲勢的歌謠，並不能改變戰敗的命運。好水川之戰前後，范仲淹填過一闋〈漁家傲〉：

塞下秋來風景異，衡陽雁去無留意。
四面邊聲連角起。千嶂裡，長煙落日孤城閉。
濁酒一杯家萬里，燕然未勒歸無計。
羌管悠悠霜滿地。人不寐，將軍白髮征夫淚。

「燕然」，指燕然山，東漢永元元年（八九），竇憲大破匈奴，曾在燕然山刻石立碑。「燕然未勒歸無計」，是說還沒戰勝立功，不能班師回朝。就詩論詩，范仲淹的文學造詣當然高於張元，但缺少英雄氣概，不合他的將軍身分。

西夏文

西夏文共六千餘字。字型結構仿照漢字，但沒有一字與漢字雷同。書寫方式也分為楷書、篆書、行書和草書。西夏時，西夏文被尊為西夏國字，用來書寫公文、契約、法條、史書、醫書、文學著作等。西夏曾用自己的文字翻譯漢文典籍和佛經。一九〇九年出土的西夏文、漢文雙解字典《番漢合時掌中珠》，是破譯西夏文的重要關鍵。

西元一〇四二年，李元昊採納謀臣張元建議，兵分二路攻宋，企圖直取關中，史稱定川寨之戰，結果一路戰勝，一路戰敗，未能達成戰爭目標。西夏雖然屢屢戰勝，但國力經不起消耗，宋朝也發現它無力消滅西夏，宋仁宗慶曆四年（一〇四四）雙方簽訂和約（史稱慶曆議和），議定西夏對宋稱臣，宋朝每年賜給西夏白銀五萬兩、絹十三萬匹、茶二萬斤。慶曆議和換取了將近五十年的和平。

不畏浮雲遮望眼，自緣身在最高層——王安石變法

宋朝的重文輕武、強幹弱枝政策，結束了安史之亂以來的藩鎮割據，但也造成國家積弱不振。

北宋中葉以後，政府冗員激增，土地兼併激烈，許多失去土地的農民只好當兵。當時軍隊缺乏訓練，終日遊手好閒，過著不軍不民的頹廢生活，甚至還有雇人出操、站衛兵的呢！官費和軍費造成國庫空虛、賦稅增加，影響到人民的生活。

宋仁宗嘉佑三年（一〇五八），王安石向仁宗上萬言書，倡議改革。宋神宗熙寧元年（一〇六八），宋神宗即位，翌年任命王安石為參知政事，熙寧三年升任宰相，全力推動改革，史稱「熙寧變法」，希望通過變法，使國家財政充裕，軍事上不再積弱不振。

王安石（一〇二一～一〇八六）字介甫，撫州臨川（今江西省撫州市臨川區）人；封荊國公，人稱王荊公。他聰明過人，二十二歲（一〇四二）高中進士第四名，開始步入政壇，起初擔任地方官，嘉佑三年調到朝廷工作時，已經名重天下了。

王安石所變的法，主要有和財政有關的青苗法、均輸法、農田水利法、方田均稅法等，以及和軍事有關的保甲法、保馬法、裁兵法等。面對一波波反對聲浪，和接二連三的天災，他說：「天變不足畏，祖宗不足法，人言不足恤。」（天災不足畏懼，祖宗不足效法，輿論不足體恤。）顯示變法的決心。無奈既得利益者抵制，當時的管理條件又不足以將法令落實，變法最後以失敗收場。

王安石一向對自己充滿信心，他二十九歲時寫過一首〈登飛來峰〉：

飛來山上千尋塔，聞說雞鳴見日昇；

左：王安石像，取自《社會歷史博物館》；右：宋神宗像，故宮博物院藏。（兩圖皆維基百科提供）

不畏浮雲遮望眼，自緣身在最高層。
（飛來峰上有座高塔，聽說清晨可看日出；我不怕浮雲遮住視線，只因我在最高層啊。）

王安石推行新法，大臣韓琦、司馬光、歐陽修、蘇軾等反對，造成「新舊黨爭」，對北宋政局影響深遠。

對於王安石，宋代的士大夫大多持否定態度，稱他「拗相公」，但民間並非如此。明末小說家馮夢龍編的《警世通言》，有一篇〈王安石三難蘇學士〉，寫的是王安石教訓蘇軾（蘇東坡）的三個小故事。

其中一個小故事說：有一天蘇東坡去看望宰相王安石，不巧王安石外出，在其書桌上看到一首詠菊詩草稿，只寫了開頭兩句：

西風昨夜過園林，吹落黃花滿地金。

蘇東坡心想：「西風」就是秋風，「黃花」就是菊花，菊花最為耐寒，怎麼會被秋風吹落一地？蘇東坡不管王安石是他的上司，提起筆就續上兩句：

秋花不比春花落，說與詩人仔細吟。

譏諷王安石的詩不合實際。王安石回到辦公室，看了這兩句詩，知道是蘇東坡寫的，為了教訓一下蘇東坡，就把他貶到黃州。隔年九月重陽，這一天大風剛停，蘇東坡邀請好友到後園賞菊，只見菊花落滿一地，不禁想起為王安石續詩的事，這才知道王安石的詩沒錯，是自己錯了。

蘇東坡為王安石續詩的事當然不是真的，但從中可以看出民間對他們兩人的看法。

暖風熏得遊人醉，直把杭州作汴州——從北宋到南宋

宋高宗紹興十一年（一一四二）除夕，南宋首都臨安（今杭州）一片愁雲慘霧，不見過年應有的喜氣，人們都在談論同一件事：宰相秦檜為什麼非得殺害岳飛（一一〇三～一一四二）不可呢？就在這天深夜，抗金英雄岳飛在風波亭遇害了。

其實殺害岳飛的不是秦檜，而是宋高宗，這話要從北宋滅亡說起。北宋的敵人本是契丹人建立的遼。一一一五年，女真族英雄完顏阿骨打建立金朝，這時北宋正值宋徽宗時代。一一二五年，金滅遼，接著攻宋，徽宗嚇得趕緊讓位給兒子欽宗。

完顏阿骨打像，取自哈爾濱金上京歷史博物館所繪肖像。（維基百提供）

一一二六年（宋欽宗靖康元年），金兵進攻汴京（今開封），欽宗投降；翌年擄走徽、欽二帝，史稱「靖康之禍」。

徽宗、欽宗被擄，北宋滅亡，康王趙構隨即建立政權，史稱南宋。在金兵的壓迫下，宋高宗一面向南逃竄，一面求和。金人希望一鼓作氣消滅南宋，但遇到堅強抵抗，其中最讓金人頭痛的就是岳飛。西元一一三六年，岳飛第二次北伐，填下傳頌千古的〈滿江紅〉：

怒髮衝冠，憑欄處、瀟瀟雨歇；抬望眼，仰天長嘯，壯懷激烈。
三十功名塵與土，八千里路雲和月；莫等閑、白了少年頭、空悲切。
靖康恥，猶未雪，臣子恨，何時滅？駕長車、踏破賀蘭山缺。
壯志飢餐胡虜肉，笑談渴飲匈奴血；待從頭、收拾舊山河，朝天闕。

西元一一四〇年，岳飛第四次北伐，連番大敗金兵，眼看恢復中原有望。就在這關鍵時刻，金人答應和南宋議和，並威脅要送回徽、欽二帝，於是主戰的岳飛，就成為宋高宗的眼中釘。

為了議和，宋高宗連下十二道金牌，命令岳飛返回臨安，又以「莫須有」（不須要有）的罪名，把岳飛殺害了。

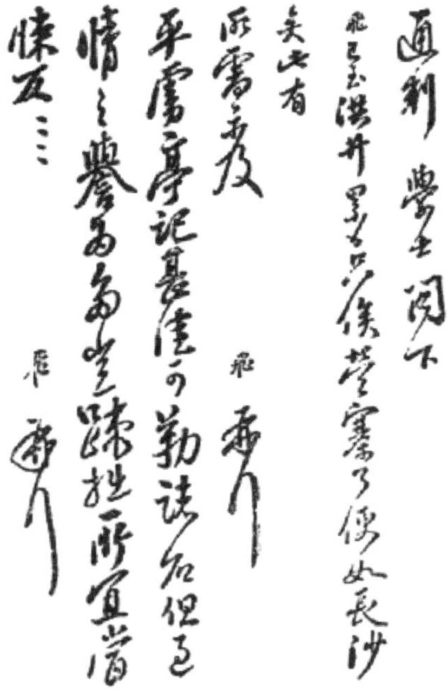

岳飛信札，取自《鳳墅帖》。（英文版維基百科提供）

南宋政權在南方立足後，北方的士大夫和仁人志士相繼南下，湧進大批人才。在這之前，歷史上的名人大多是北方人，從這之後，南方人就多於北方人了。

即使在金國成長的漢人，也有不少人投奔南宋，希望為恢復中原盡一份力量，著名詞人辛棄疾（一一四〇～一二〇七）就是最具代表性的一位。

辛棄疾是山東歷城人，他出生時，山東早就是金國的國土，但他心目中的祖國仍是南宋。他二十歲時起兵反金，二十二時率領上萬名士兵投奔南宋，朝廷雖然給他官做，但一直得不到重用，更不會支持他北伐中原。他填的〈水龍吟〉，最能看出報國無門的心境，試看這闋詞上片的後半部：

落日樓頭，斷鴻聲裡，江南遊子。
把吳鉤看了，欄干拍遍，無人會，登臨意。

南下的北方志士感到無奈，南方土生土長的知識分子也並非全都願意偏安。有一次南方詩人林升來到臨安，看到都城的紙醉金迷，在旅社的牆上題下一首詩：

山外青山樓外樓，西湖歌舞幾時休？
暖風熏得遊人醉，直把杭州作汴州。

這首不經意題寫的詩，已成為千古名篇。著名愛國詩人陸游（一一五二～一二一〇）也是南方詩人，他出生第二年，北宋就滅亡了。他當過官，一再因為主戰遭到排斥、打壓。晚年隱居鄉下，仍不時提議北伐。他臨終時寫下一首〈示兒〉詩，最能表現他的愛國情操：

死去原知萬事空，但悲不見九州同。
王師北定中原日，家祭毋忘告乃翁。

問渠哪得清如許？為有源頭活水來——宋代的理學

中國傳統文化重視實用，不重視抽象思維和思辨，但從魏晉南北朝起，佛教愈來愈盛，翻譯出來的佛經愈來愈多。許多知識份子喜歡研讀佛經，不可能不受到影響。到了宋代，儒學吸收了佛學的抽象思維和思辨，使得原本重視實踐的儒學，漸漸哲學化了。這種哲學化了的新儒學，稱為理學。

北宋的理學家，以程顥（一〇三二～一〇八五）、程頤（一〇三三～一一〇七）兄弟為代表，合稱「二程」。程顥，號明道，世稱明道先生。他們兄弟是洛陽伊川人，所以程頤世稱伊川先生。他們兄弟倆，個性大不相同，程頤嚴肅剛直，甚至不近人情，對於寡婦迫於生活再嫁，他竟說出「餓死事小，失節事大」的話！程顥隨和得多，從他的詩〈春日偶成〉，可以看出個大概：

雲淡風輕近午天，傍花隨柳過前川。

時人不識余心樂，將謂偷閒學少年。

（雲淡風輕接近中午時分，伴著野花和垂柳來到河川。人們不知我心裡的快樂，還說我偷閑學少年呢。）

這首詩勸人歸真反璞，在尋常生活中發現樂趣。那麼「二程」的思想差異很大嗎？其實沒多大差別。他們提出「天者理也」的說法，將「天」和「理」畫上等號。既然「天」就是「理」，所以「理」是天地萬物的本源。「天理」和「人

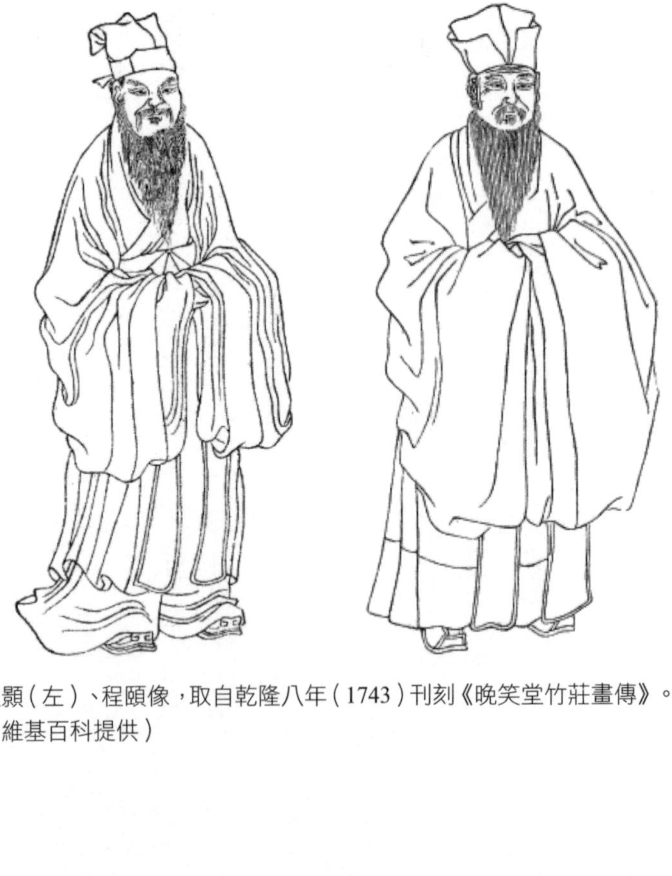

程顥（左）、程頤像，取自乾隆八年（1743）刊刻《晚笑堂竹莊畫傳》。（維基百科提供）

欲」相對，所以主張「存天理」、「滅人欲」。通過「滅人欲」，提升人生境界。他們又認為，天地萬物「之所以然」，必有一個「理」，通過推究事物的道理（格物），可以達到認識真理的目的（致知）。

朱熹（一一三〇～一二〇〇），世稱朱子。徽州婺源人（今屬江西）。是「二程」的四傳弟子，也是「二程」理學的集大成者。

朱熹十八歲中進士，做了九年官，就不再做官，專事講學。他的學生很多，著作也很多，其中最重要的，是將《論語》、《孟子》，和《禮記》中的《大學》、《中庸》，合訂成一部書，定名《四書》。從此《四書》與《五經》合稱為「四書五經」。

朱熹又一字一句為《四書》做注解，直到六十歲時才完成《四書章句集注》。明、清兩者的科舉考試，都以《四書章句集注》作為標準本。難怪當代國學大師錢穆會說：「在中國歷史上，前古有孔子，近古有朱子，此兩人皆在中國學術思想史及中國文化史上發出莫大聲光，留下莫大影響。曠觀全史，恐無第三人堪與倫比。」

朱熹也善於作詩，最有名的是〈觀書有感〉：

半畝方塘一鑑開，天光雲影共徘徊。
問渠哪得清如許？為有源頭活水來。

朱熹《四書集注》，明成化十六年吉府刻本，山東博物館藏。（AndyHe829 攝，維基百科提供）

（半畝大的方形池塘像面鏡子，天光和雲影來回映照水面。請問池塘你為什麼那樣清澈？因為有不斷注入的活水源頭啊！）

這首詩借著寫景抒發心境。正因為不停地讀書、修身養性，才能像源頭活水般，使自己心地光明、日新又新。

陸九淵（一一三九～一一九三），撫州金溪（今屬江西）人，是南宋另一位重要的理學家。他在象山書院，世稱「象山先生」，所以也稱作陸象山。他的理學稱為「心學」，主張「明心見性」，「心即是理」。做聖人的道理，其實就在自己心中，不用他處尋求。

西元一一七五年（南宋淳熙二年），理學家呂祖謙邀請朱熹、陸九淵等人在鵝湖山上的鵝湖寺相會，展開一場大辯論，史稱「鵝湖之會」。陸九淵雄辯滔滔，逼問朱熹「堯舜之前有何書可讀？」認為明心見性即可，何必死讀書！兩人誰也不能說服對方，最後不歡而散。

宋代的科技

宋朝是中國科學最發達的時代，科學史家李約瑟認為，和程朱理學有關。中國「四大發明」除了造紙，都和宋代關係密切：指南針和印刷術中的活字版是宋代發明的；火藥製成軍用「火器」，是宋代開始的。此外，宋代也出過許多第一流的大科學家，如自然科學家沈括、機械和藥物學家蘇頌、建築學家李誡、法醫學家宋慈等等。數學方面，宋代更是輝煌，李治、秦九韶、楊輝和朱世傑將中國傳統數學推到巔峰。

我書意造本無法，點畫信手煩推求——宋代的美術

孤峰露蒼骨，疏木聳堅幹。
高堂掛虛壁，爽氣來不斷。

這是文同詠范寬〈秋山圖〉的詩。文同是北宋文學家兼畫家，他看了范寬的〈秋山圖〉，被畫中的氣勢撼動。范寬的〈秋山圖〉早已失傳，但他的傳世名作〈谿山行旅圖〉卻足以印證詩中的意境：巨碑似的孤峰，露出蒼勁的紋理，疏落的樹木，挺拔地聳峙著。

唐代的繪畫，幾乎都是人物畫，畫中的山水、人物，不過是人物的陪襯。到了五代，山水畫和花鳥畫開始盛行，人物畫不再是唯一的畫科。徐熙和黃筌的花鳥畫，對後世影響最大。山水畫方面，以關仝、荊浩、董源和巨然的影響最大。生活在北方的關仝和荊浩，畫的是北方山水；生活在南方的董源和巨然，畫的是南方山水。山水畫南北分流，就是從他們開始的。

台北故宮博物院有所謂鎮館三寶，分別是范寬的〈谿山行旅圖〉、郭熙的〈早春圖〉和李唐的〈萬壑松風圖〉。這三幅畫，都是北宋作品，畫的都是北方山水。

宋朝皇帝大多喜歡繪畫，上行下效，難怪畫壇人才輩出。除了山水畫，李公麟的人物畫，宋徽宗的花鳥畫，張擇端的風俗畫，都是一代宗匠。宋代繪畫著重寫生，宮廷畫家尤其如此。

范寬（字中立）〈谿山行旅圖〉，約作於西元 1000 年頃，故宮博物院藏。（維基百科提供）

北宋滅亡後，康王趙構在臨安（杭州）建都，史稱南宋。南宋畫壇以馬遠和夏珪最具代表性，他們的山水畫喜歡將構圖側重一角或一邊，畫出一種澹遠、寥落的情趣。到了後期，某些畫家逐漸趨向寫意，甚至抽象，例如梁楷的〈潑墨仙人圖〉、牧谿的〈柿圖〉，已完全不受形似拘束了。

南宋·梁楷〈潑墨仙人圖〉，故宮博物院藏。（維基百科提供）

宋代的書法，以「宋四家」——蘇軾、黃庭堅、米芾和蔡襄最具代表性，他們都擅長行書，書風瀟灑，試看宋四家中的第一家——蘇軾的詩句：

興來一揮百紙盡，駿馬倏忽踏九州。
我書意造本無法，點畫信手煩推求。

米芾〈吳江舟中詩卷〉（局部），美國紐約私人收藏。（維基百科提供）

（興致來了揮筆寫個不停，就像駿馬飛馳於九州。我寫字沒有固定方法，不耐煩一筆一畫細心推求。）

蘇軾這首詩的題目是〈石蒼舒醉墨堂〉，上面引的只是其中四句。石蒼舒是位書法家，他的住處自號「醉墨堂」。蘇軾寫下這首詩，和他討論書法。蘇軾認為，書法是一種藝術，講求興之所至，不需受到無謂的拘束。

蘇軾是一代文豪，也是大畫家、大書法家。他的書法，有一種天真爛漫的拙趣。他常寫扁字，糾成一團，好友黃庭堅戲稱「石壓蝦蟆」，但黃庭堅也說，蘇軾是當時書壇第一人。

和蘇軾的「石壓蝦蟆」相比，黃庭堅就是「長槍大戟」，他的字鐵畫銀鉤，剛健有力。黃庭堅也是著名詞人，他還是個孝子，二十四孝中的「滌親溺器」，就是他的故事。

從寫實到寫意

宋元之際，中國繪畫發生重大變革，畫風從寫實轉變為寫意。美國美術史家高居翰在其《氣勢撼人》一書中說：「科學史家艾爾文的研究告訴我們，中國的科技在十世紀至十四世紀之間達到高峰，其後隨著中國人由客觀性地研究物質世界，轉向以主觀經驗與直觀知識的陶養，科技的進展至此便完全失去了動力，而此一重大轉變，正好頗具深意地對應著發生於宋元之際的繪畫上的變革。」

宋四家中的米芾，也是位著名畫家，他開創用點染技法描繪雲山，人稱「米派」。他說自己的字：「穩不俗，險不怪，老不枯，潤不肥」，難怪即使是一般人，都能感受到他的字的美感。

宋四家中的蔡襄，不如前三家有名。有人說，四家中的「蔡」，原本是指蔡京，因為蔡京是個大奸臣，才換成蔡襄。不論如何，蔡襄的行書仍有其獨到之處。

除了宋四家，宋徽宗的瘦金體也是一絕，在書壇上具有崇高的地位。

除了繪畫和書法，宋代的工藝美術以瓷器最具代表性。瓷器約出現於唐代，到宋代已相當成熟。宋瓷以青瓷和白瓷為主，有所謂「五大名窯」，即定窯、鈞窯、官窯、哥窯和汝窯，因為傳世稀少，每一件都價值連城。宋瓷造型典雅，富有書卷氣，論藝術，後世皆望塵莫及。

爭渡，爭渡，驚起一灘鷗鷺——宋代的女詞人

中華文化在宋代發展到最高峰，不論是文學、史學、哲學，還是藝術與科技，都交出傲人的成績單。以文學中的散文來說，著名的「唐宋八大家」，宋代就佔了六家！散文如此，詩詞也不遑多讓。宋詩雖然不如唐詩灑脫，但自有一種柔婉之美。宋代最具代表性的文學品種，就是有長短句之稱的詞。

在宋代眾多著名詞家中，出現了兩位女詞人——李清照和朱淑真，尤其是李清照，她的成就足以和柳永、蘇軾、陸游、辛棄疾等分庭抗禮。即使是朱淑真，也稱得上一流詞人。

東漢的蔡琰，稱得上一流詩人，但她只留下兩首詩。唐朝的魚玄機和薛濤，頂多稱得上二流詩人。李清照和朱淑真雙雙躍上文壇高峰，絕非偶然，她們讓我們從一個側面，看出宋代的教育普及、文化璀璨。

李清照（一〇八四～一一五六？），號易安居士，山東濟南人。父親是進士，在朝廷

當大官，從小接受良好的教育。十八歲時，嫁給太學生趙明誠，趙是考古學家，夫唱婦隨，生活幸福美滿。西元一一二七年，金兵南下，兩人帶著大批收藏逃往南方。一一二九年，明誠死在逃亡途中，從此她過著孤寂無依的生活。

李清照的詞，明顯分成兩個階段，南渡以前，表現的是閨秀情懷；南渡以後，表現的是深沉的愁緒。試看她不同時期的兩闋〈如夢令〉：

常記溪亭日暮，沉醉不知歸路。
興盡晚回舟，誤入藕花深處。
爭渡，爭渡，驚起一灘鷗鷺。

李清照雕像，濟南李清照紀念館。(Gisling攝，維基百科提供）

誰伴明窗獨坐？我共影兒兩個。
燈盡欲眠時，影也把人拋躲。
無那，無那，好個淒涼的我！

前一闋寫的是出遊的歡樂情景，「爭渡，爭渡，驚起一灘鷗鷺」，不無俾睨詞壇的意思；後一闋寫的是形單影隻的淒涼。李清照擅長用白話語句寫詞，讀來格外親切、感人。

朱淑真，生卒年不詳，號幽棲居士，浙江杭州人。和李清照一樣，她

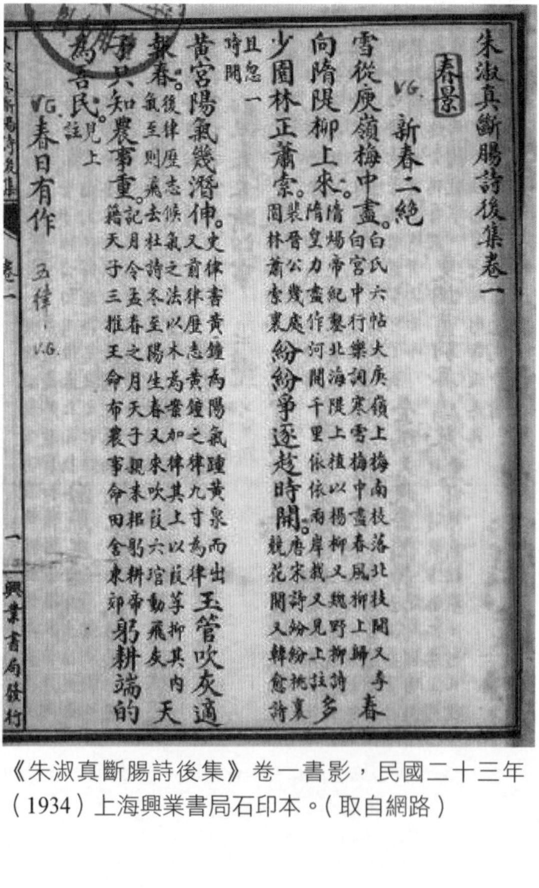
朱淑真斷腸詩後集卷一

春景　新春二絕

雪從庾嶺梅中盡。……春
向隋隄柳上來。……多
少園林正蕭索。……紛紛爭逐趁時開。
黃宮陽氣幾潛伸。……玉管吹灰適
報春。……
只知農事重。……躬耕端的
為吾民。

春日有作　五律

朱淑真斷腸詩後集　卷一　一　興業書局發行

《朱淑真斷腸詩後集》卷一書影，民國二十三年（1934）上海興業書局石印本。（取自網路）

也出身官宦家庭，從小接受良好的教育。她聰明、美麗，會畫畫，還懂音樂。她婚前可能有位青梅竹馬的男友，但父母把她嫁給自己不喜歡的人，因而鬱鬱寡歡，抱恨而終。

朱淑真留下詩集《斷腸詩》二卷、詞集《斷腸詞》一卷。她的詩詞，以憂愁怨恨為基調，但偶而會毫不遮掩地表白自己的感情，在重視禮教的宋代，算是相當大膽的。譬如她的〈生查子・元夕〉，就道出一段藏在心中的秘密：

去年元夜時，花市燈如晝。月上柳梢頭，人約黃昏後。
今年元夜時，月與燈依舊。不見去年人，淚濕春衫袖。

陸游和唐琬的〈釵頭鳳〉

陸游娶了表妹才女唐琬，兩人十分恩愛，但陸游的母親不喜歡唐琬，只好離婚。有一天，唐琬和先生出遊，遇到陸游，唐琬介紹先生和陸游認識，還送上酒餚。陸游萬分惆悵，回家填了闋〈釵頭鳳〉，上片最後三字是「錯，錯，錯！」。唐琬看到陸游的詞，也填了一闋〈釵頭鳳〉，上片最後三字是「難，難，難！」他們的〈釵頭鳳〉，已成為千古名篇。

古時的元宵夜，男女較不避嫌。作者去年元宵夜曾和心上人約會，今年元宵夜已見不到那人了。淡淡的幾句話，蘊含著深沉的情感。

她的〈清平樂・夏日遊湖〉，可能是婚前作的，筆調更為大膽：

惱煙撩露，留我須臾住。攜手藕花湖上路，一霎黃梅細雨。
嬌痴不怕人猜，和衣睡倒人懷。最是分攜時候，歸來懶傍妝台。

詞的上片描寫遊湖情景，下片描寫和情人相依相偎、難分難捨。只有少女的細膩筆觸，才能寫得如此真切。這段感情，對她是幸，也是不幸；幸的是擁有美好的回憶，不幸的是成為她一生承受不起的重擔。（本篇所引〈生查子・元夕〉，一說歐陽修所作。）

秦皇漢武稱兵窮，拍手一笑兒戲同——成吉思汗與蒙古西征

西元十二世紀，蒙古草原上出現一位英雄，他叫鐵木真（一一六二～一二二七）。蒙古人原本由許多部族構成，彼此力量分散，長期臣服於金。西元一二〇六年，鐵木真統一蒙古，被尊稱為成吉思汗，意思是海洋般的偉大君主。

成吉思汗統一蒙古後，開始對外擴張。他先攻西夏，迫使西夏臣服；再攻打金國，一二一五年攻佔金國中都（今北京），俘獲了耶律楚才。耶律楚才是遼國（契丹）宗室後代，成吉思汗知道他是個人才，就破格重用，成為他的重要智囊。

成吉思汗像，故宮博物院藏。（維基百科提供）

西元一二一九年，成吉思汗因中亞的花剌子模國殺害蒙古商人，發動第一次西征。隨軍的耶律楚才寫下一首長詩〈西征〉，記述這次西征的事，其中四句：

旌旗蔽空塵漲天，壯士如虹氣千丈。
秦皇漢武稱兵窮，拍手一笑兒戲同。

意思是說，蒙古大軍旌旗蔽空，士氣如虹，秦始皇、漢武帝號稱很會打仗，和成吉思汗相比，簡直如同兒戲一般。

花剌子模戰敗，國王逃到裡海的一個小島上，臨終把王位傳給兒子札蘭丁，成吉思汗又追擊札蘭丁，一直追到印度河。成吉思汗又命大將速不台和哲別西進，大軍越過高加索，一直打到黑海北岸。

西元一二二三年，速不台和哲別班師，在裡海一帶和成吉思汗會合。大軍東歸時，再次進攻西夏，西夏皇帝已答應投降，但成吉思汗還沒看到戰果就崩逝了。

成吉思汗有四個兒子：長子朮赤、次子察合台、三子窩闊台、四子拖雷。成吉思汗最喜歡么兒拖雷，根據蒙古人的習慣，家業由跟隨父母的么兒繼承，所以成吉思汗死後，應該由拖雷繼任，但拖雷自願退讓，經過「忽里台大會」，推舉窩闊台為第二任大汗。

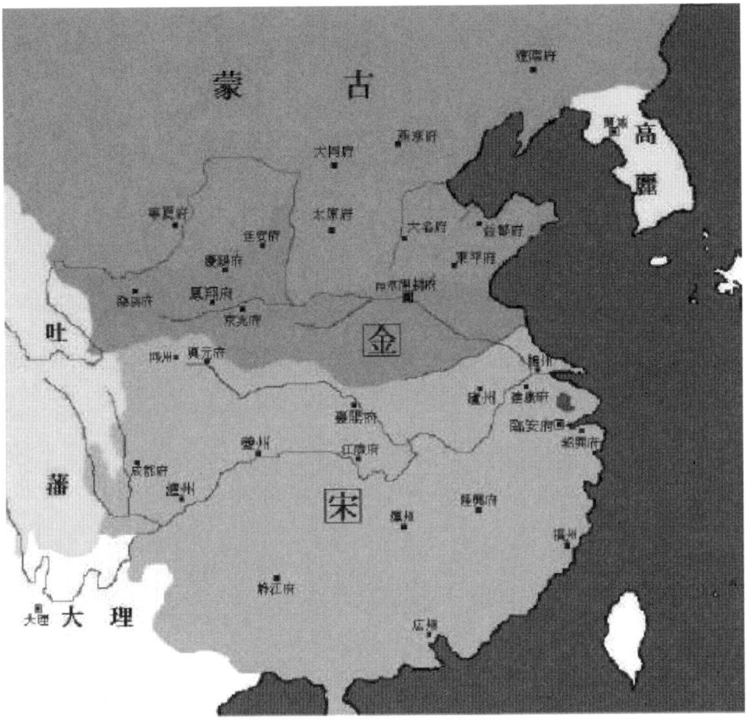

成吉思汗去世時（1227），蒙古、金與南宋形勢圖，是年西夏亡，金只剩河南與關中。(Jason22 繪製，維基百科提供）

窩闊台繼承父親的征服事業，主要是滅金和西征。當時金國以汴京（今開封）為首都，只剩下河南、陝西等地。一二三三年秋，蒙古大軍圍困汴京，金哀宗南逃，翌年夏在蔡州（今河南汝南）暫時穩住陣腳。一二三四年春，蒙古聯合南宋攻金，金哀宗自殺，金國滅亡，中國北方盡入蒙古版圖。

金國滅亡後，蒙古與南宋接壤，南宋的地理環境不利於騎兵作戰，窩闊台決定發動第二次西征。一二三五年，召集忽里台大會，以拔都為統帥，遠征中亞、俄羅斯、波蘭等地。

拔都是成吉思汗長子朮赤的次子，日後成為大汗的貴由和蒙哥，都參加了這次西征行動。大軍浩浩蕩蕩地越過烏拉山，征服俄羅斯、波蘭和匈牙利。西元一二四一年冬，當西征大軍正往維也納推進時，接獲窩闊台酗酒暴斃的消息，只好終止軍事行動，班師回國參加忽里台大會。

窩闊台去世後，汗位虛懸了若干年，直到一二四六年秋，才經忽里台大會推舉貴由為大汗。貴由在位不到兩年就死了，繼任者為拖雷的長子蒙哥，他在位八年，除了攻宋，還發動第三次西征。

蒙哥命二弟旭烈兀為統帥，大軍渡過阿姆河，攻向現今的伊朗、伊拉克、敘利亞及小亞細亞一帶。當大軍抵達現今的巴勒斯坦，即將與埃及馬木拉留克王朝交戰時，接獲蒙哥去世的消息，只好結束西征。旭烈兀東返途中，得知二哥忽必烈自立為汗，四弟阿里不哥不服，因而兄弟鬩牆，於是留在西亞，後來被封為伊兒汗。

蒙古帝國先後建立四大汗國：窩闊台汗國、察合台汗國、欽察汗國、伊兒汗國。前兩個汗國由成吉思汗的次子（察合台）、三子（窩闊台）所建，領土主要由第一次西征取得。欽察汗國由拔都所建，領有俄羅斯一帶。伊兒汗國由旭烈兀所建，領有中東一帶。

西元 1241 年，拔都大軍在波蘭西南部的萊格尼察大敗條頓騎士團，史稱萊格尼察之役。圖上顯示蒙古軍進抵萊格尼察，出示西里西亞大公亨利二世頭顱。圖下顯示天使迎接亨利二世靈魂情景。此圖作於 1451 年，波蘭弗羅茨瓦夫大學圖書館藏。(維基百科提供)

蒙古馬

世界上的戰馬，主要有阿拉伯馬和蒙古馬兩個系統。前者身材高大，衝刺速度快，不能耐久；後者體型較小，以耐力取勝。在大草原或大平原上作戰，耐力比速度更重要。蒙古騎兵通常一個人帶好幾匹馬，輪流著騎，讓馬兒得到休息。傳說他們可以一連幾天不下馬，甚至在馬上睡覺。馬兒耐得住長期征戰，是蒙古騎兵致勝的一大關鍵。

成吉思汗曾對四個兒子說：「只要你們兄弟互相幫助，彼此支援，再強大的敵人也打不過你們。」四個兒子大致遵守父親的教訓，可是到了孫輩就出了問題。忽必烈自稱大汗，結果除了伊兒汗國，其他三個汗國都不承認，甚至與忽必烈的元朝兵戎相見，蒙古帝國表面上版圖遼闊，實際上不是一個整體。

人生自古誰無死，留取丹青照汗青——南宋滅亡

南宋端平元年（一二三四），窩闊台聯合南宋滅金。根據盟約，南宋只能收復宋、金交界處的州郡，不能收復蒙古已據有的地區。南宋違背盟約，趁蒙古軍北撤之際，收復西京（洛陽）、東京（開封）和南京（商丘），史稱「端平入洛」。

由於三京缺乏糧草，蒙古軍隊又發起反擊，南宋隨即撤回南宋境內，蒙古軍追擊至原宋、金邊界一帶，取得一定戰果後撤回中原，當時蒙古軍的主力用於西征，並無意全力對宋用兵。端平入洛後，南宋朝政日非，一步步走向敗亡。

西元一二四一年冬，窩闊台酗酒暴斃，長子貴由繼任第三任大汗，在位不到兩年就去世了。拖雷的長子蒙哥被推舉為第四任大汗。一二五八年，蒙哥與其弟忽必烈等分三路攻宋，蒙哥自率主力取四川，翌年（蒙哥汗八年）在合州（今重慶合川）被流矢所傷，死於軍中。

蒙哥死後，他的二弟忽必烈（一二一六～一二九四）未經「忽里台大會」推舉，於

元世祖忽必烈像，尼泊爾人阿尼格繪，作於1286年，故宮博物院藏。（維基百科提供）

一二六〇年自立為大汗，將國號改為大元，建立元朝，年號中統。一二六四年，改元至元。至元四年（一二六七），南宋降將劉整向忽必烈獻滅宋策略，建議先攻襄陽，南宋「無襄則無淮，無淮則江南唾手可下也。」忽必烈採納其策，翌年襄樊之戰正式開打。

蒙古軍分三路南侵時，宋理宗命右丞相賈似道馳援鄂州，賈竟然私下提議與蒙古議和，蒙古起初不同意，等到蒙哥戰死，忽必烈將精神用在維護汗位上，就答應議和，賈似道私自允許南宋稱臣，歲奉銀二十萬兩、絹二十萬匹。私自議和後，賈似道連奏「捷報」，卻不說明敵軍撤退的真正原因。

蒙古軍的戰略是封鎖襄陽，南宋的戰略是突破封鎖。無奈蒙古軍將襄陽、樊城圍得似鐵桶一般，除了民軍領袖張順、張貴兄弟曾經突破重圍，增援官兵沒有一次成功。戰事從一二六八年打到一二七三年，留下許多可歌可泣的故事，最後樊城慘遭屠城，襄陽守將為保全軍民含淚投降。

當襄陽、樊城遭蒙古軍圍困之際，賈似道仍然只知玩樂，邊關文書一律不上奏朝廷。等到襄陽、樊城失陷，太學生紛紛提議，讓賈似道領兵出戰，朝廷迫於輿論只好同意。一二七五年，宋、元在蕪湖附近發生丁家州之戰，賈似道拋棄所率領的十三萬精兵乘小船逃走，南宋軍大敗，死傷及逃亡不計其數。天下輿論大嘩，朝野要求殺賈似道以謝天下，但元軍已直逼臨安了。

至元十三年（一二七六）春臨安陷落，皇太后和年僅六歲的宋恭帝趙㬎出城投降，南宋實際上已經亡了。一位署名「北客」的文人作詩諷刺：

憶昔陳橋兵變時，欺他寡婦與孤兒。
誰知三百餘年後，寡婦孤兒又被欺？

文天祥（一二三六～一二八三）、陸秀夫、張世傑等連續擁立兩個小皇帝，在福建、廣東一帶繼續抗戰。一二七九年，宋元最後一戰，陸秀夫背著八歲的帝昺投海自盡，南宋正式滅亡。文天祥於一二七八年兵敗被俘，翌年正月過零丁洋之時，在元朝軍艦上寫下〈過零丁洋〉，表明自己的志節：

辛苦遭逢起一經，干戈寥落四周星。

山河破碎風飄絮，身世浮沉雨打萍。

惶恐灘頭說惶恐，零丁洋裡嘆零丁。

人生自古誰無死，留取丹心照汗青。

香港元朗區新田文天祥紀念公園文天祥銅像。（英文版維基百科提供）

零丁洋，在廣東省珠江口；一經，一種經籍，借指科舉，文天祥宋理宗寶祐四年（一二五六）以二甲第一名進士及第；四周星，四年，從德祐元年（一二七五）正月毀家勤王，到祥興元年（一二七八）十二月在五坡嶺戰敗被俘，剛好四年。最後兩句「人生自古誰無死，留取丹心照汗青」，已成為千古名句。

文天祥被押到大都（今北京），關了約五年，在獄中寫下聞名的〈正氣歌〉。

一二八三年元月八日，忽必烈親自勸降，他斷然拒絕，次日從容就義。

縱饒航海數百萬，不直龍王一怒間——忽必烈海外用兵

忽必烈自立為汗，激起窩闊台汗國、察合台汗國、欽察汗國不滿，甚至兵戎相見，他已不可能向西發展，只能向南和向海外用兵。

西元一二六〇年，忽必烈即位，成為蒙古皇帝。接下去的十來年，元軍的主要目標是南宋，但侵宋戰事並不順利，於是決定對日本用兵。對於元軍的入侵，日本史上稱為「元寇」。

至元十一年（一二七四），忽必烈派遣一支由蒙古人、漢人、朝鮮人組成的大軍，總數超過三萬人，浩浩蕩蕩地殺向日本。元軍順利登陸，不久遇到颱風，船艦損失大半，逃回來的只有一萬多人。

至元十三年（一二七六），元軍陷臨安；至元十六年，陸秀夫背著帝昺投海自盡，宋亡。元軍征服南宋，收編了大批南宋軍隊。南宋擅長水戰，忽必得到南宋的降兵、降將，決定再次對日本用兵。至元十八年（一二八一）春，第二次遠征日本，動員了十幾萬人——

十三世紀佚名畫家《蒙古襲來繪詞》，約作於1293年，藏九州國立博物館。此幅為後卷、繪十六之一部份，繪竹崎季長與大矢野三兄弟（右側）應戰敵船情景。

大多數是南宋降軍，規模比第一次大得多。

元軍登陸後，日軍堅強抵抗，進展並不順利，戰事從春季拖到夏季，忽然一連遇到兩次大颱風，元軍幾乎全軍覆沒。日本人認為，兩次擊敗「元寇」，都靠祖宗神靈所颳起的神風獲勝，所以神風一詞具有崇高的意涵，難怪二戰時的自殺式攻擊隊伍，要稱為神風特攻隊了。

元軍戰敗，南宋人大喜，南宋遺民鄭思肖寫了首〈元賊謀取日本〉：

> 涉險應難得命還，倭中風土索蠻頑。
> 縱饒航海數百萬，不直龍王一怒間！

元軍第二次征日，軍隊以南宋降軍為主，他們哪會為元朝拼死效力！這可能是戰事不能速戰速決的原因之一吧。

菊池容齋〈蒙古襲來圖〉，1847 年，東京國立博物館藏。菊池容齋，江戶至明治初期畫家。此幅繪元軍遇「神風」紛紛翻覆情景。(英文版維基百科提供)

忽必烈的另一海外用兵目標是越南。從秦朝到五代，越南北部曾隸屬中國達一千年。此後只要中國強了，都會派兵征越，喜歡打仗的蒙古人，當然不會放過這個南方小國。

明嘉靖年間，安南（今越南）不再進貢，朝廷派毛伯溫征越，大軍未到，安南國王送來一首〈萍詩〉：

錦鱗密砌不容針，帶葉連根不計深。
常與白雲爭水面，豈容明月墜波心？
千層浪打誠難破，萬陣風顛永不沉。
多少魚龍藏未見，太公無計下鉤尋。

這首詩表面上詠浮萍，其實是勸阻毛伯溫：安南防衛嚴密、士氣高昂、不怕大風大浪，如果明軍來攻，肯定讓你們得不到好處。

元世祖還沒登基前，蒙古人就曾經進攻越南（一二五七～一二五八）。忽必烈遠征日本失敗後，經過幾年休整，又開始對外用兵，目標主要是越南（今越南北部）。

元世祖登基後，於至元二十一年（一二八四）發動五十萬人，至元二十四年發動三十萬人，兩次水陸並進，大舉攻越。越南盡量避免和元軍決戰，一旦元軍深入，再發動游擊戰，截斷元軍的補給線。等到元軍被迫撤退時，越軍才大舉反攻。這兩次征越，都敗得很慘。

至於征緬甸、征占城（今越南中南部），和遠渡重洋征爪哇，也都未能取勝。元軍的失敗，一方面由於當地軍民堅強抵抗，一方面不能適應熱帶氣候，元軍的騎兵到了熱帶叢林也無用武之地。

越南頭頓市陳興道銅像 (Rob Kniaz 攝，維基百科提供)。陳興道，原名陳國峻，越南陳朝將領、民族英雄，曾兩次擊退元軍入侵。

聖者雖把學問腹中藏，他的聲望卻到處遠揚
——影響蒙古人的兩位喇嘛

唐朝時，吐蕃王朝是個大帝國，國力一度可以和唐朝爭雄。到了九世紀中葉，吐蕃王朝崩潰，藏族地區不再有中央政府，各地豪強紛紛佔地為王，形成群雄割據的局面。

這時藏傳佛教（俗稱喇嘛教）也開始分化成若干派別，各個教派大多和當地的統治勢力合而為一。宋末元初時，後藏薩迦派的教主貢噶堅贊，因為精通佛學，被人尊稱為「班智達」，意思是精通各種學問的學者。

薩迦班智達除了德高望重、著作等身，對後影響更大的是：促使藏族地區歸屬蒙古帝國，隨後進入中國的大家庭。在這之前，西藏從未屬於中國。

成吉思汗去世後，由三子窩闊台繼位，窩闊台將原屬西夏的地區，封給他的次子闊端。闊端以涼州（今甘肅武威）為基地，一面派兵攻入西藏，一面邀請薩迦班智達到涼州會面。這時薩迦班智達已六十三歲，為免生靈塗炭，接受了邀請，帶著十歲的侄子八思巴

薩迦寺 。(Moszczynski 攝，維基百科提供)

（一二三九～一二八〇）前往涼州。

薩迦班智達伯侄走了兩年才到達涼州，直到一二四七年、他六十六歲時才見到闊端。這時蒙古已大致控制西藏，只有少數地區還在頑抗。他受命寫信給各地的藏族領袖，勸他們歸順，否則只會自取滅亡。在他的號召下，整個藏族地區都進入蒙古帝國的版圖。

薩迦班智達著作豐富，傳世的就有幾十種，其中以詩集《薩迦格言》最為膾炙人口。這部詩集分為九章，共四五七首，內容以教導做人處事為主。試看第四十二首：

聖者雖把學問腹中藏，他的聲望
卻到處遠揚。

豆蔻花雖被嚴密裏藏，它的香氣卻飄逸四方。

薩迦班智達身處偏遠的後藏，遠在涼州的蒙古人竟然都慕名邀請他，不正是這首詩的寫照嗎？

西元一二四一年，窩闊台去世，帝位虛懸了幾年，直到一二四六年才由他的長子貴由繼位。貴由當上蒙古皇帝不到兩年就病死了，一二五一年由蒙哥繼任。

蒙哥繼位那年，薩迦班智達和闊端也相繼在涼州去世，十七歲的八思巴成為薩迦派教主。八思巴聰明過人，小小年紀已精通佛學，並學會了蒙文和漢文。這時蒙哥的四弟忽必烈負責管理漠南地區，黃河流域、西夏故地和西藏都由他統轄。

西元一二五三年，忽必烈派人到涼州召請八思巴，這年八思巴才十九歲，忽必烈卻拜他為師，皈依藏傳佛教。一二五九年，蒙哥去世，翌年忽必烈成為蒙古皇帝，八思巴受封為「國師」。一二六四年，忽必烈遷都大都（今北京），設置總制院，掌管全國佛教和藏族地區事務，八思巴以國師身份兼管總制院，成為藏族地區的最高領袖。

八思巴和統治者交好，據說一位西藏學者寄詩諷刺他：

嘎廈烏雲障佛教，國王奪去眾生樂；

八思巴像唐卡，十八世紀作品，紐約魯賓藝術博物館藏。（取自藏族唐卡網）

濁世沙門貪富貴，不悟此理非聖人。

嘎廈，原指西藏政府，借指統治者。全詩暗喻統治者污染佛教，眾生失去歡樂，出家人陷溺濁世，貪圖富貴，如不悔悟不是得道高僧。

八思巴作詩回答：

教有盛衰佛明訓，有情安樂係自業；
隨類被機施教化，不解此理非學者。

有情，佛家語，指眾生。全詩的意思是說：佛教有盛有衰，佛陀早有明訓，眾生安樂與否緣自各人因業，傳法應隨類、隨機施加教化，不解此理不是真正學者。

忽必烈曾多次頒發詔書給八思巴。一二六四年，忽必烈頒發優遇

廣州出土、基督徒八思巴文墓碑，碑文「翁舍楊氏墓道」。1314 年（延祐元年甲寅）下葬。（英文版維基百科提供）

僧人的詔書，八思巴為此寫了篇讚頌詩，最後兩頌是：

你的福德如同雪山獅子抖玉鬃，你明察事理多方宣揚無我性空。
你智慧之唇使來犯之百獸驚恐，我用頭頂禮你人中獅子之腳下。

獅子是佛教的神獸，八思巴以獅子比喻忽必烈，由此可以看出他對忽必烈的崇敬。

蒙古人原先使用為畏吾兒字母拼寫蒙文，忽必烈覺得蒙文應該有一套自己的字母，八思巴為忽必烈創製蒙古新字，世稱八思巴字。一二六八年忽必烈下令，此後詔書及各級政府公文，都要使用八思巴字。一二七〇年，晉封八思巴為「帝師」，他的地位更崇高了。

西元一二七六年，八思巴在太子的護送下，帶著一身榮耀返回薩迦，但過不幾年就去世了。八思巴這位只活了四十六歲的喇嘛，使得藏傳佛教成為國教，蒙古人皈依了藏傳佛教，從此蒙族、藏族在宗教上成為一家。

天也，你錯勘賢愚枉做天！——元代的散曲和雜劇

我們常說：唐詩、宋詞、元曲。可見「曲」是元代的代表性文類。曲是什麼？為什麼在元代興起呢？這要從時代背景說起。

建立元朝的蒙古人，將國民分成四個等級：蒙古人、色目人（中亞、西亞和歐洲人）、漢人（遼、金人和北方漢人）和南人（南宋人），又將職業分成十個等級：「一官，二吏，三僧，四道，五醫，六工，七獵，八民，九儒，十丐」，讀書人（儒）的地位僅高於乞丐！蒙古統治者又廢除科舉，讀書人不能再靠研讀古文、詩詞出仕，只好將才情投注在當時的流行文學門類——元曲的創作上。

元曲分為散曲和雜劇兩大類。散曲由遼、金民歌發展而成，又分成單闋的小令，和成套的套曲兩類。雜劇由宋代的說唱藝術加上表演而成。中國的戲劇，直到發展出雜劇，才真正成熟。

接下去讓我們看看馬致遠的小令〈天淨沙——秋思〉：

枯藤老樹昏鴉，小橋流水人家，古道西風瘦馬。夕陽西下，斷腸人在天涯。

「天淨沙」是曲牌名，人們一看到曲牌，就可哼出曲調。作曲和填詞一樣，通常有個副標題，馬致遠這闋〈天淨沙〉，副標題就是「秋思」。

既然詞有詞牌、曲有曲牌，填詞和作曲都是依照格式（牌）填上合乎聲韻的字，那麼曲和詞有什麼不同？第一，詞有上下兩疊，散曲通常省去下疊。第二，曲較為白話，馬致遠的這闋〈天淨沙——秋思〉，就是很好的例子。

元代雜劇演出圖，社會歷史博物館據山西省洪洞縣廣勝下寺、水神廟明應王殿壁畫重繪，原圖作於泰定元年（1324）。（維基百科提供）

元代的雜劇，一齣戲先有楔子，接下去有四折，相當於現今的四幕劇。元雜劇的特點是：全劇由一人獨唱，其他演員只作旁白。其次，每折由一部套曲構成，使用同一個韻，各折的用韻不能重複。

關漢卿的代表作《感天動地竇娥冤》，就由楔子和四折戲構成。這齣戲不長，網上可查到全文，有興趣的小朋友不妨找來看看。有道是百聞不如一見，您看了就知道雜劇是什麼了。

《感天動地竇娥冤》的大意是：竇娥因為父親無錢還債，被送到蔡家當童養媳。竇娥婚後不到兩年丈夫就死了，婆媳倆相依為命。婆婆向惡醫討債，差點遇害，被張驢兒父子

元曲四大家

明朝人所列的元曲四大家，是指關漢卿、白樸、馬致遠和鄭光祖等四位雜劇作家。關漢卿的代表作《感天動地竇娥冤》，白樸的代表作《梧桐雨》，馬致遠代表作《漢宮秋》，鄭光祖代表作《倩女離魂》。至於沒列名四大家的王實甫，代表作《西廂記》，敘說張君瑞和崔鶯鶯的愛情故事，臨結束時提出祝願：「永老無別離，萬古常完聚，願天下有情的都成了眷屬。」

所救。張驢兒是個流氓，威迫她們婆媳和他們父子成親，被竇娥嚴辭拒絕。張驢兒想毒死竇娥婆婆，霸佔竇娥，卻毒死了自己的父親，就誣告竇娥。竇娥被昏官判處死刑，臨刑前她唱道：

為善的受貧窮更命短，造惡的享富貴又壽延。天地也，做得個怕硬欺軟，卻原來也這般順水推船。地也，你不分好歹何為地？天也，你錯勘賢愚枉做天！哎，只落得兩淚漣漣。

竇娥又說，如果自己的確冤死，這六月天將降下大雪，他們這個地方也會大旱三年，後來果然一一應驗。竇娥的冤魂向已當大官的父親控告，惡醫被發配充軍，張驢兒被斬首，昏官永不錄用。

到了明代，戲劇改稱「傳奇」，這是因為初期多演自唐傳奇之故。與元雜劇不同的是：折數不受限制，所有登場人物皆可演唱，每折不限同一個韻。明代傳奇以湯顯祖的「玉茗堂四夢」——《牡丹亭》、《紫釵記》、《南柯記》和《邯鄲記》最為著名，清代以洪昇的《長生殿》及孔尚任的《桃花扇》最具代表性。

百花發時我不發，我若發時都嚇殺——紅巾軍起事

佛教有未來佛的說法，認為釋迦牟尼之後，將有彌勒佛出世，為人間建立樂土。從魏晉南北朝起，佛教開始盛行，彌勒信仰也就深入人心。人們期盼彌勒佛早點降生，讓大家可以過美好的日子。

當政治腐敗、經濟衰頹、民不聊生的時候，人們就愈加期盼彌勒佛早點降生。一些野心份子曲解佛教經文，打著彌勒降生的口號聚集群眾，甚至起兵造反。從隋代起，利用彌勒信仰起兵造反的事從沒斷過，其中以元末的紅巾軍規模最大，大元帝國就是被紅巾軍推翻的。

除了彌勒信仰，元末的紅巾軍還有一個重要源頭，那就是波斯的明教，也就是摩尼教。明教認為，世間有光明和黑暗兩種力量，人們要崇拜光明，勇於對抗黑暗，為此不惜犧牲生命。明教徒作戰時有這樣的口訣：

焚我殘軀，熊熊聖火；生亦何歡，死亦何苦。

摩尼教教徒著白衣，圖為書寫中的摩尼教教士，十世紀之物，高昌遺址出土。（維基百科提供）

為善除惡，為光明故；喜樂哀愁，皆歸塵土。
憐我世人，憂患實多；憐我世人，憂患實多。

在人世間，最大的「黑暗」莫過於腐敗的統治者，所以從五代起，明教曾多次發動起事，其中以宋代的方臘之亂規模最大。到了元末，明教和彌勒信仰合流，掀起驚天動地的反元革命。從他們的口號「彌勒下生，明王出世」，明顯地看出合流的跡象。

列城（拉達克）喇嘛寺 Thiksey Monastery 的彌勒佛銅像，高 30 呎。(Payal Vora 攝，英文版維基百科提供）

元順帝至元四年（一三四四），鳳陽府太平鄉孤莊村有兩個年輕人抬著父母的屍體走向墓地，走在前面的是朱元璋，後面是他二哥。半個月之內，朱元璋的大哥、父母相繼過世。埋完父母，接下去要解決生活問題，十七歲的朱元璋到附近的皇覺寺當了和尚。

然而，皇覺寺也鬧饑荒，朱元璋在寺裡只待了幾十天，就被打發出門，成為「遊方」和尚，四處化緣為生。淮西是白蓮教積極活動的地區，遊方期間朱元璋加入白蓮教，成為穿著袈裟的白蓮教徒。

佛教有個派別，稱為白蓮宗。這個派別的最大特色，就是俗家弟子也可以招收門徒、建立佛堂。到了元代，白蓮宗受到彌勒教的影響，並混合明教的內容，以「赤燄生白蓮」為象徵，至此白蓮宗已不再是佛教的一個「宗」派，而是一種新興宗教——白蓮教。元末的紅巾軍革命，主要是白蓮教推動的。

至正十一年（一三五一）五月，白蓮教主韓山童與劉福通等人決定起事，因事機不密，韓山童被殺，劉福通帶著韓山童之子韓林兒殺出重圍。這時濠州的郭子興也起兵反元。他們頭包紅巾，人稱「紅巾軍」，各地紅巾軍遙奉韓林兒為「小明王」。才幾個月工夫，從淮河流域到漢水流域，都落入紅巾軍手中。

朱元璋投到郭子興帳下，不久就得到郭子興賞識，還把養女馬氏嫁給他。後來郭子興病死，朱元璋接收了他的兵馬，成為一方霸主。朱元璋手段凶狠，知人善用，地盤愈來愈大。後來更掃平群雄，派兵北伐，趕走蒙古人，建立了明朝。

朱元璋得勢後，殺了紅巾軍的精神領袖小明王韓林兒，更指稱白蓮教為邪教。其實白蓮教深深地影響著他，他將自己建立的朝代稱為「明」朝，就是暗喻「明王出世」的意思。

朱元璋原不識字，後來粗通文墨，甚至還能作詩。他曾將黃巢的〈詠菊詩〉稍作改動，成為下面這首，目空一切，充滿霸氣：

羅清與無生老母信仰

朱元璋出身白蓮教，他深知民間宗教的聚眾力量，得到天下後嚴禁白蓮教和明教等民間宗教活動，但民間教派並沒消滅，它們潛入地下繼續發展。到了明代中葉，山東即墨民間宗教領袖羅清，揉合儒釋道三教和白蓮教、明教教義，創立一種以「無生老母」為最高神祇的綜合宗教。到了明末，這種綜合宗教已發展成十幾個教派，羅清被尊稱為「羅祖」。羅清年輕時投軍，退伍後潛心修道，四十歲時建立起自己的思想體系。六十七歲時將他的宗教思想寫成五部書，第三部有上下兩冊，故稱「五部六冊」。羅清所開創的宗教體系，歷經明、清和民國，從未停止發展。起始於光緒年間的一貫道，可說是無生老母信仰中發展得最成功的一個教派。

百花發時我不發，我若發時都嚇殺。
要與西風戰一場，遍身穿就黃金甲。

殺盡江南百萬兵，腰間寶劍血猶腥——明太祖和明成祖

元順帝至正十一年（一三五一），江淮一帶白蓮教紛紛起事，他們頭裹紅巾，人稱紅巾軍。到了至正二十年前後，紅巾軍經過兼併，主要剩下四支：以南京為根據地的朱元璋、以九江為根據地的陳友諒、以蘇州為根據地的張士誠、以浙東為根據地的方國珍，其中陳友諒的地盤最大、兵力最多。

至正二十三年（一三六三），朱元璋和陳友諒在鄱陽湖決戰，陳友諒中箭而死。傳說鄱陽湖之戰後，志得意滿的朱元璋有一天穿著便服來到南昌的佑民寺，他態度傲慢，旁若無人，住持問他是誰，朱元璋在寺壁上題上一首詩：

殺盡江南百萬兵，腰間寶劍血猶腥；
山僧不識英雄漢，何必嘵嘵問姓名？

至正二十六年（一三六六），朱元璋打敗張士誠，統一江南。二十七年，命徐達為征虜

大將軍、常遇春為副將軍，大舉北伐。至正二十八年正月，朱元璋在南京稱帝，建立明朝，年號洪武。同年秋，徐達攻入大都，元朝滅亡。

朱元璋出身貧寒，當上皇帝後，仇視富人和知識份子，對於官員更當成賊一般防範。他殺人無數，開國功臣幾乎被他殺光，臨死還下令將宮女殺了殉葬。

朱元璋廢除宰相，事必躬親，忙得不得了，作過一首詩形容自己的辛苦：

百僚未起朕先起，百僚已睡朕未睡；
不如江南富足翁，日高五丈猶擁被。

故宮博物院藏有三種朱元璋畫像，分別是：全身坐像、半身像及此幅。傳說朱元璋像貌醜陋，此幅可能較為接近其真實容貌。

朱元璋集猜疑病和虐待狂於一身，他愈忙，愈多人遭殃，全國的富人、知識份子和官員，都生活在高度恐懼中。

明太祖朱元璋還開創「廷杖」制度，不論官階多大，只要觸怒皇帝，立刻當眾打屁股，當場被打死的不計其數。廷杖時，由錦衣衛負責行刑，由太監負責監刑。明太祖之後，明朝的歷任皇帝都沿襲這個制度，弄到後來，遭受廷杖的大臣，往往被視為忠臣，成為人們歌頌的對象。

明太祖朱元璋有二十六個兒子，除了太子朱標，其餘都分封到各地，成為藩王。朱標早死，他的長子早夭；西元一三九八年明太祖去世，由朱標的次子朱允炆繼位，年號建文，是為惠帝。

分封到各地的藩王，各自擁有軍隊，其中以燕王朱棣（朱元璋四子）的兵力最強。惠帝即位後，君臣們認為，應該削弱這些藩王的力量，以免威脅到中央，於是實行「削藩」政策，此舉激起燕王反叛。

惠帝建文元年（一三九九）夏，燕王以「清君側」（清除惠帝身旁的奸臣）為名，起兵造反。建文四年（一四〇二）夏攻下南京，城破時皇宮失火，惠帝不知下落。燕王隨即即位，年號永樂，是為明成祖。

明成祖的凶殘，不亞於他父親。他攻下南京後，將惠帝的舊臣全部以酷刑處死，惠帝的近臣都被滅族，惠帝的親信方孝孺甚至被滅「十族」，全家宗親九族外，還加上學生，一共被殺了八百七十三人！

方孝孺像，取自同治十三年刊克《方正學先生遜志齋集》。(維基百科提供)

明成祖的能力，也不亞於他父親。當時被趕出中國的蒙古人，仍然時常南侵。明成祖曾五次率兵親征，這就是後人盛稱的「五出塞北，三犁虜廷」。第一次親征時，曾在蒙古的擒胡山刻石：

瀚海為鐔，天山為鍔。
一掃胡塵，永清沙漠。
（瀚海即沙漠，鐔是劍的護手，鍔是劍的鋒刃。）

明成祖還經營西南、東北、西北邊疆，使明朝的版圖往西到達藏族居地，往南到達越南，往北越過長城到達女真族的居地。

錦衣衛和東廠

錦衣衛是明太祖創立的特務機關，主要由軍人組成。東廠是明成祖創立的特務機關，主要由宦官組成。兩者都直接聽命於皇帝，不過東廠的地位較錦衣衛高。兩者都有監視、逮捕、審訊權，由於手段殘酷，且經常挾怨報復，製造了大量冤案，以致聲名狼藉，使人又恨又怕。

錦衣衛腰牌。（維基百科提供）

皇華使者承天敕，宣佈綸音往夷域——鄭和下西洋

明成祖永樂三年六月十五日（一四〇五年七月十一日），鄭和奉詔出使西洋，出動船艦二百零八艘，人員二萬七千八百人。艦隊中最大的一艘，當然是鄭和的旗艦，這艘艟艨巨艦有九根巨大的桅桿、掛十二張帆，可能是有史以來最大的木造帆船。

鄭和所去的「西洋」在哪?當時汶萊以西的海域稱為西洋，以東的海域稱為東洋。鄭和下西洋都是先到越南，再穿過麻六甲海峽進入印度洋，這些地區的確都在汶萊以西。到了明末，西方傳教士來到中

鄭和寶船版畫，作於十七世紀初。（英文版維基百科提供）

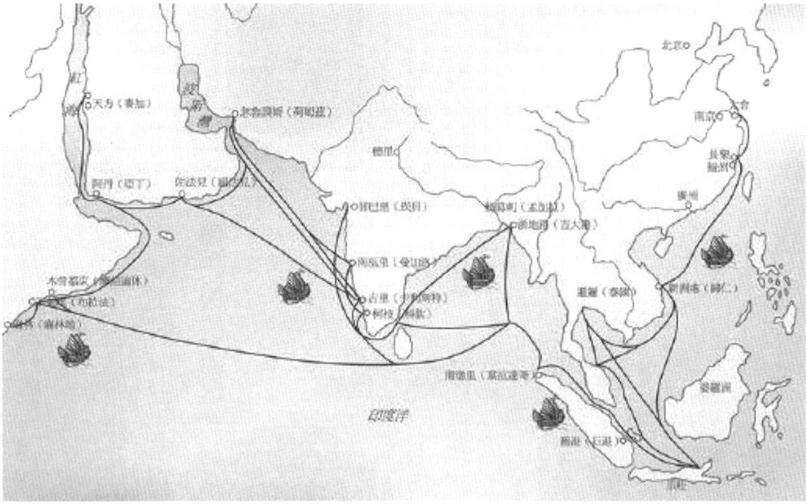

鄭和下西洋航路圖，《科學月刊》2005 年 7 月號提供。七下西洋，鄭和本人只到達印度西岸的古里，分遣艦隊曾遠至波斯灣及東非。

國，「西洋」變成歐洲的代名詞了。

要建造二百零八艘大小船艦絕非一天半日之功，因此鄭和在奉詔之前，參謀作業和造船、訓練等工作早已展開，我們可以大膽地臆測，下西洋計畫在發現惠帝失蹤時就開始了。

燕王（成祖）攻進南京，沒找到惠帝，不期然地想到：是不是乘船跑到海外去了。從宋代起，就有不少中國人到海外發展，元代海上貿易興盛，來往海外的人更多，南洋的一些通商港埠已有不少華人聚落。南京瀕臨長江，惠帝只要備好船隻，危機的時候就可以揚帆而去。

惠帝很得人心，留在世間是個大患，那麼找誰去尋找呢？這事只能做、不能公開說，於是回教徒、又是色目人的太監鄭和就出線了。宦官分為幾個等級，最高一級稱為太監。大太監往往是皇帝的親信，私密任務通常交給他們去辦。

明朝時，各個藩王也有宦官。鄭和是雲南的色目人，他出生時，已是洪武四年（一三七一），當時雲南仍由元朝的梁王統治。洪武十四年（一三八一），明太祖派兵征雲南，十二歲的鄭和被擄，遭到閹割，分發到燕王府，賜姓鄭，當時許多蒙古人和色目人遭到賜姓或改姓。

鄭和前後出使西洋七次，最初當然以尋找惠帝為主，但很快地就以號召各國前來朝貢，和尋求奇名寶物為主。所謂「寶物」，還包括動物，「麒麟」就是其中之一。

明成祖永樂十二年（一四一四），榜葛剌（今孟加拉）的使臣牽著一隻長頸鹿來到北京，擇期向永樂帝進獻。這隻長頸鹿是埃及蘇丹（國王）送給榜葛剌蘇丹的，榜葛剌蘇丹又把牠獻給中國皇帝。

這時鄭和已經四下西洋，東南亞及印度洋各國紛紛前來朝貢，帶來許多聞所未聞的貢品，但進獻長頸鹿卻是第一遭。中國人從未見過長頸鹿，這對北京的臣民來說，不能不說是一件大事。

長頸鹿是現代的稱呼，當時稱為祖剌法，或麒麟。祖剌法，是阿拉伯語的音譯；至於麒麟，來自東非索馬利語giri。麒麟原本是一種傳說動物，但由於和索馬利語giri發音相近，就被有意無意地混為一談，成為取悅皇帝的最佳貢品。

註釋《春秋》的《公羊傳》說：「麟者仁獸也，有王者則至，無王者則不至。」意思是說，麒麟只有聖王出世時才會出現。明成祖篡奪侄子的皇位，於情於理都說不過去，如

永樂十二年（1414），榜葛剌貢麒麟（長頸鹿）。這隻長頸鹿是埃及蘇丹送給孟加拉蘇丹的，後者再轉送給中國皇帝。圖為〈明人畫麒麟圖〉，上端抄錄沈度作〈瑞應麒麟頌〉。

果弄隻象徵聖王出世的麒麟，豈不就可為自己背書！

永樂十二年九月吉日，榜葛剌貢使晉見永樂帝。皇帝大喜，命翰林學士沈度寫了篇〈瑞應麒麟頌〉，又命宮廷畫師畫下「麒麟」圖像。這張〈明人畫麒麟圖〉仍完好地收藏在台北故宮博物院，為榜葛剌所貢「麒麟」留下最真實的記錄。

沈度在〈瑞應麒麟頌〉的序中說：「臣聞聖人有至仁之德，通乎幽明，則麒麟出。」在頌文中說：

> 西南之陬，大海之滸。實生麒麟，身高丈五。……仁哉斯獸，曠古一遇。召其神靈，登于天府。群臣歡慶，爭先快睹……。

看到被說成「麒麟」的長頸鹿，又看到沈度的頌文，殺人不眨眼的明成祖不禁樂得暈陶陶了。

鄭和第四次至第七次下西洋，分遣艦隊都到達波斯灣和東非沿岸。尋求麒麟等非洲特產，或許才是遠至東非的動機吧？正如《河殤》所說：「人類歷史還不曾有過這樣一次毫無經濟目的的大規模航海活動。它是一次幾乎純而又純的政治遊行。」說得並不過分。

當然了，下西洋並非全無所獲，起碼具有「科普」效用，讓中國人知道更多域外事物。

以域外動物來說，馬來貘（神鹿）、飛狐猴（飛虎）、斑馬（福鹿）、長頸鹿（麒麟）、劍羚（馬哈獸）、鴕鳥（駝雞）等等，隨著進貢或交易紛紛來到中國，宣德五年刊刻的《異域圖志》，就有若干域外動物插圖。萬曆年間出現

《異域圖志》之福鹿（斑馬）圖。此書宣德五年（1430）刊印，孤本存劍橋大學圖書館。

《瀛涯勝覽》

下西洋的檔案早已不見了，所幸下西洋期間有三位隨員各留下一本小書，其中以馬歡的《瀛涯勝覽》最有價值。馬歡參與過三次下西洋，擔任翻譯工作。《瀛涯勝覽》的序文附一首〈紀行詩〉，頭四句是：「皇華使者承天敕，宣佈綸音往夷域。鯨舟吼浪泛滄溟，遠涉洪濤渺無極。」末四句是：「歸到京華覲紫宸，龍墀獻納皆奇珍。重瞳一顧天顏喜，爵祿均頒雨露新。」這是首長詩，記下下西洋的行程。

《三寶太監下西洋記通俗演義》，使得鄭和的故事更為深入普羅大眾，這對閩、粵華人前往東南亞發展，不能說沒有影響。

然而，我們所能想得到的種種正面意義，幾乎都是枝微末節。遙想十五世紀，鄭和和西方探險家先後進軍海洋，鄭和作了七場海上大秀，西方探險家卻改變了世界的政治版圖！中國從此被趕過去了，直到現在，還不知何時才能獲得救贖？

江山也要偉人扶，神化丹青即畫圖——土木堡之變和奪門之變

明景泰八年正月二十二日（一四五七年二月十六日），北京老百姓個個義憤填膺，都說老天不長眼，一代忠臣于謙怎麼被殺了。

這一天，六十歲的于謙被押到鬧市，臨刑前，他從容地吟著十七歲時寫的詩〈詠石灰〉：

千錘萬擊出深山，烈火焚燒若等閑；
粉骨碎身全不顧，要留清白在人間。

于謙的故事，要從朱元璋把蒙古人趕出中國說起。明軍攻進大都（今北京），元順帝帶著文武百官逃回蒙古高原，繼續使用「大元」國號，所以明朝人稱他們為「北元」。

朱元璋曾多次對北元用兵，洪武二十一年（一三八八）春，明軍在貝加爾湖附近大敗元軍，元益宗帶領數十騎逃得性命。就在這年秋，元益宗被也速達爾篡位，也速達爾自稱

于謙像，取自《晚笑堂竹莊畫傳》，民國十年（1921）刊本。（維基百科提供）

蒙古可汗，不再用「大元」國號，明朝人改稱他們「韃靼」。

到了明成祖時，蒙古分為兩部：蒙古東部的韃靼，和蒙古西部的瓦剌（清代稱衛拉特）。明成祖五次親征，主要是對付韃靼。韃靼受到沉重打擊，瓦剌趁機擴充勢力，到了明宣宗時，已成為蒙古東、西部的主人。

西元一四三九年，也先繼位瓦剌大汗，他使瓦剌的勢力向東達到朝鮮，向西達到現今的中亞，向北達到西伯利亞，向南達到長城。也先繼位初期，和明朝修好，到了勢力壯大時，就開使侵犯邊境了。

明英宗正統十四年（一四四九），也先分四路大舉進犯，宦官王振鼓勵明英宗（朱祁鎮）御駕親征。英宗被說動了，同年七月，命他的弟弟郕王朱祁鈺留守，親自率軍五十萬大軍，浩浩蕩蕩地向北進軍。

也先在位時瓦剌疆域圖。（トムル繪製，日文版維基百科提供）

御駕親征的明英宗到了大同，聽說前方戰敗，竟然嚇得不戰而退。王振想讓英宗到他家鄉看看，胡亂地改變行軍路線。已經走了幾十里，想到大軍過境會損壞家鄉的莊稼，又急忙下令改道，這時也先的大軍已經快追上來了。

正統十四年八月十四日（一四四九年八月三十一日），大軍撤到土木堡，被也先包圍，明軍土崩瓦解，英宗被俘，史稱土木堡之變。消息傳回京城，朝野震動，兵部侍郎于謙（後被任命為兵部尚書）等擁立朱祁鈺即位，是為景帝，遙尊英宗為太上皇。

同年十月，也先攻到北京城下，想利用英宗當人質，向明朝勒索。于謙堅決抵抗，也先勒索不成，只好退兵。不久也先和明朝

明代的宦官

明朝多昏君、庸君，皇帝昏聵無能，宦官特別容易上下其手，是以明朝是國史上宦官為害時間最長、為害最烈一朝。明太祖原本禁止宦官干政，到了明成祖，開始重用宦官，並由宦官負責特務機關東廠。此後英宗時的王振，憲宗時的汪直，武宗時的劉瑾，熹宗時的魏忠賢，氣燄一個高過一個。魏忠賢人稱「九千歲」，依附者紛紛為之建立生祠。隨著權力膨漲，派駐各地擔任各種任務的宦官愈來愈多，明末時據說有十萬之眾。

議和，宣稱只要明廷派人來接，隨時願意將英宗奉還。

景泰元年（一四五〇），景帝朱祁鈺派人迎回英宗，但又將他幽禁。景泰八年（一四五七）正月，景帝病重，正月十七日，大臣石亨和太監曹吉祥等發動政變，擁立英宗復辟，奪回皇位，史稱「奪門之變」。景帝被降為郕王，軟禁在西苑，一個多月後去世。

英宗奪回皇位，于謙隨即被捕，正月二十二日以「謀逆罪」被殺。于謙死後，葬在家鄉杭州。明憲宗成化年間，于謙得到平反，在其故居建祠祭祀。清代詩人袁枚遊西湖，寫過一首〈謁岳王墓〉，將岳飛和于謙相提並論：

江山也要偉人扶，神化丹青即畫圖；
賴有岳于雙少保，人間始覺重西湖。

少保，指大官；丹青，指繪畫。是的，有了岳飛和于謙的故事，人們就更加重視西湖了。

人人自有定盤針，萬化根源總在心——王陽明的理學

從明朝起，科舉考試就以朱熹的《四書集注》為標準本，朱熹的理學被視為儒學正統。朱熹認為，大至宇宙，小至草木，都有它的道理，得認真研究（朱熹稱為格物），才能獲得知識（致知）。

王守仁（一四七二～一五二九），號陽明子，世稱王陽明。他是明代的大思想家，年輕時服膺朱熹的學說，十歲時父親以「月亮」為題，叫他寫一首詩，他寫道：

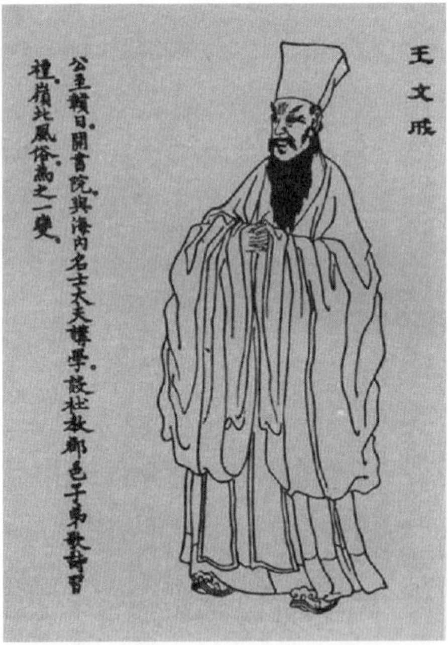

王陽明像。陽明先生諡文成，故題為王文成。取自〈晚笑堂竹莊畫傳〉，民國十年（1921）刊本。

山近月遠覺月小，便道此山大如月。
若人有眼大如天，還見山高月更闊。

對我們來說，月亮大於山只是普通常識，可是對古人來說，尤其是對一個十歲的孩子，明白這個道理必定經過一番推論、思考，這就是朱熹所說的「格物致知」的功夫。

另一件事更可以說明年輕時的王陽明多麼服膺朱熹的學說。王陽明二十一歲那年，跟隨父親來到北京，看到院子裡有很多竹子，就和一位朋友「格」（研究）起竹子。朋友坐在竹子前，努力琢磨，到第三天就累病了；王陽明身體較好，到第七天也累病了。這次「格物」失敗，使他開始懷疑朱熹的學說，但到底怎樣才是求知的正道，一時還得不到答案。

明孝宗弘治十二年（一四九九），二十八歲的王陽明考中進士，第二年開始當官。明武宗正德元年（一五〇六），因為上書營救諫官，遭到廷杖，被貶到貴州的龍場驛。當時貴州還是蠻荒地區，他在困厄中繼續思索，一天夜晚恍然大悟，終於建立起自己的理學體系。

王陽明寫過一首〈良知〉詩：

個個人心有仲尼，自將聞見苦遮迷。

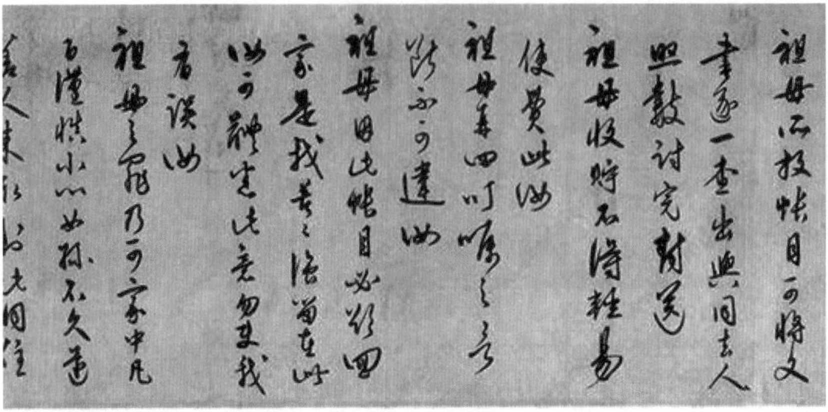

王陽明行草〈與鄭邦瑞尺牘〉局部，真跡現藏日本。（取自「中國書法網」，維基百科提供）

而今指與真頭面，只是良知更莫疑。
人人自有定盤針，萬化根源總在心。
卻笑從前顛倒見，枝枝葉葉外頭尋。
無聲無臭獨知時，此是乾坤萬有基。
拋卻自家無盡藏，沿門持缽效貧兒。

仲尼，指孔子。前四句的意思是說：人人都有良知，可是被蒙蔽了。後八句的意思是說：良知才是萬事萬物的本源，不必向外追尋。

王陽明生活於明代中葉，那時經濟繁榮，但政治黑暗，社會風氣敗壞。他從政以後，不但要和庸俗風氣對抗，還要和宦官惡吏對抗，結果慘遭廷杖，還被貶到貴州。在一波波的打擊下，悟出「理」就在自己心中；換句話說，心就是理，也就是人們與生俱來的良知。一個人只要找回良知，即使是平常人，也可以成為聖賢。為了使良知不致淪為口號，又衍生出「知行合一」的學說。王陽明寫過一首〈示諸生〉，勸人知行合一、身體力行：

人人有路透長安，坦坦平平一直看。
盡道聖賢須有秘，翻嫌易簡卻求難。
只從孝弟為堯舜，莫把辭章學柳韓。
不信自心原具足，請君隨事反身觀。

柳韓，指唐朝文學家柳宗元和韓愈。這首詩訓示弟子：人人都有良知，只要從孝弟入手，隨時省察自己的行為，不必學什麼柳韓文章，就可以成堯舜。

王陽明是明代最偉大的思想家，他的思想不但影響了中國，還影響了日本。他的人人可以成聖賢的說法，和明代中葉民間宗教勃興不無關聯。至於他的事功，最著名的是平定寧王宸濠叛亂，他因軍功封新建伯；不過對一位大思想家來說，這些只是餘事罷了。

明朝晴更好，飛翠潑征鞍——倭寇和戚繼光

明嘉靖三十二年（一五五三）五月，倭寇劫掠浙江海鹽縣，在廟牆上題下一首詩：

海霧曉開合，海風森復寒；
衰顏歡薄酒，老眼傲驚湍。
叢市人家近，平沙客路寬；
明朝晴更好，飛翠潑征鞍。

這首詩對仗工整，意境脫俗。前兩句寫海上氣象，次兩句寫意興豪情，接著寫他們出入城鎮，最後兩句寫期盼。「飛翠潑征鞍」是全詩的「詩眼」，以飛翠形容浪濤，以征鞍象徵船舶，這樣的佳句，豈是日本浪人寫得出來的！

事實上，明代中葉的倭寇以華人為主，所謂「倭寇」，不過是官府對海盜或武裝海商

明人繪〈抗倭圖卷〉局部，作於嘉靖年間，國家圖書館（北京）藏。圖中繪倭寇縱火燒屋及劫掠情景。（維基百科提供）

集團的通稱。明代中葉，正值地理大發現的高潮，國際貿易興盛，外國人尤其喜歡中國的絲綢和瓷器。但明代實施海禁，不許任何船隻出海，於是一些膽子大、有冒險精神的沿海居民，包括一些不得志的知識份子，就冒著殺頭之罪從事走私活動。前引題壁詩，顯然是位華人知識份子寫的。

宋、元以來，東南各省海上貿易就很興盛，但明代的海禁，扼殺了沿海居民的生計，所以走私活動禁不勝禁。漸漸地，走私客結集成武裝海商集團，雇用日本浪人當打手，明目張膽地到沿海港埠做生意，如遭到阻擋，就大肆劫掠，從海商變成海盜。

當時最著名的倭寇首領王直，就是安徽徽州人，以日本九州肥前國的平戶島（今屬長崎縣）為基地，從事海上貿易。他如宋素卿、徐海、陳東、曾一本、許恩、毛烈、葉葉麻、鄧文俊、林碧川、沈南山等倭寇首領，也都是中國人。這些倭寇在日本藩主的庇護下，以日本為老巢，另在浙江、福建、廣東沿海島嶼建立據點。他們雇用日本浪人，襲用日本人的服飾，乘坐打著日本旗號的船隻，沿海居民還誤以為他們都是日本人呢！其實真正的日本人（真倭）只佔十之一二，頂多十分之三！

當時太平已久，明軍幾乎沒有戰力可言。《利瑪竇中國札記》第一卷記載道：「這個國家大概沒有別的階層的人民比士兵更墮落和更懶散的了。」「供給軍隊的武器事實上是不能用的，既不能對敵進攻，甚至不能自衛，除了真正打仗外，他們只能攜帶假武器。」「無論是官是兵，也不論官階和地位，都像小學生一樣受到大臣鞭打，這實在荒唐可笑。」這樣的軍隊，只能欺壓善良百姓，哪能打仗！

倭寇中的日本浪人，武藝高強、驍勇善戰，通常打先鋒；倭寇中的華人，也手持倭刀（武士刀），穿著倭服，作勢吆喝。倭寇人數雖少，但行動飄忽，如入無人之境，殺得官兵手足失措。

當明軍被倭寇殺得灰頭土臉的時候，幸賴一代名將戚繼光（一五二八～一五八八）挽回頹勢。戚繼光，山東登州人，出身軍人家庭，十七歲從軍，二十二歲考中武舉（武科舉人），隨即嶄露頭角。嘉靖三十四年（一五五五）奉命到浙江抗擊倭寇。當時的明軍，紀律廢弛，幾乎沒有作戰能力。戚繼光就到義烏招募四千多名農民和礦工，經過嚴格訓練，成為有名的「戚家軍」。戚家軍能夠陸戰，也能水戰，是平定倭寇的主力。

倭寇使用的倭刀，長約五尺，雙手持握，砍殺力較強。明軍使用的單刀，長約三尺，單手持握，砍殺力較弱。戚繼光就模仿倭刀，創製了和倭刀形似的長刀（戚家刀）。有了長刀，還得有一套刀法。戚繼光又揉合日本刀法和中國刀法，創製了戚家刀法。

倭寇作戰，每三十人一隊，呈扇形前進，國人稱之為蝴蝶陣。為了破解蝴蝶陣，戚繼光又創立了「鴛鴦陣」，台灣民間體育「宋江陣」，據說就是從鴛鴦陣演變而來的。

福州戚公祠戚繼光銅像。（Gnu Doyng 攝，英文版維基百科提供）

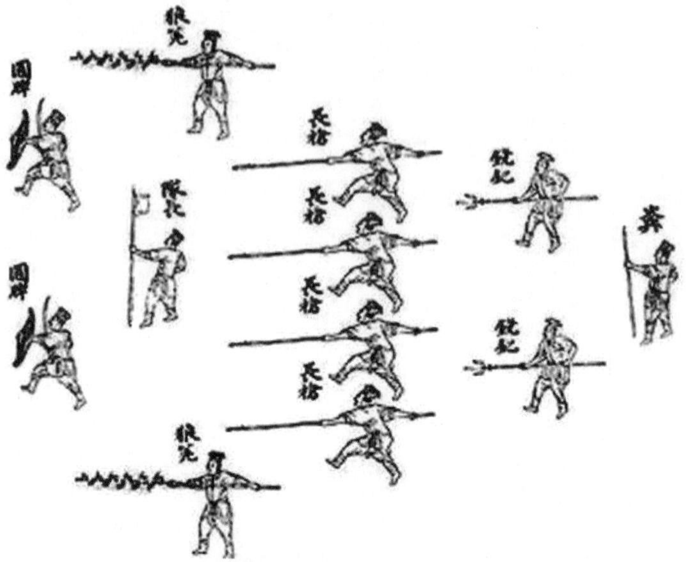

鴛鴦陣示意圖，取自網路，來源不明。

鴛鴦陣每十二人一隊，除了隊長，其餘二人持長刀和盾牌、四人持長槍、二人持鏜鈀（鋼叉）、二人持狼筅（前端沒削去枝椏的茅竹）、一人持火槍。鏜鈀和狼筅除了刺殺敵人，更重要的是讓倭寇的刀法施展不開。

嘉靖四十二年（一五六三），戚繼光與福建總兵俞大猷等，攻破倭寇的最後一個根據地，東南沿海的倭患解除。然而，消滅倭寇意味著中國失去海洋，在地理大發現的大時代裡，中國不再有一席之地。

戚繼光是明代少數文武全才的將領，他著有《紀效新書》、《練兵實紀》，他還會作詩，試看他的〈馬上作〉：

南北驅馳報主情，江花邊草笑平生。
一年三百六十日，都是横戈馬上行。

戚繼光蕩平倭患，接著奉派到北方防禦蒙古人。詩中的「江花」，指東南沿海，倭寇通常從江河上岸；「邊草」，指邊疆的草原。「一年三百六十日，都是橫戈馬上行」，道盡軍旅生涯的辛勞。

戚繼光懼內故事

傳說戚繼光怕老婆，民間戲曲常大作文章。蒲松齡作俚曲《禳妒咒》，第一回「開場」引戚繼光的例子，說明懼內不算什麼。戚將軍的手下為他抱不平，「老爺領著百萬兵馬，怎麼怕一個婦人，咱不如反了吧！」問眾將怎麼反？回說：「請老爺頂盔貫甲，亮出刀來，聲聲叫殺，往宅裡遥跑，大家都吶喊助威，愁他不服嗎？」戚將軍大喜，披掛整齊，往廳前大聲叫殺，但聲音愈來愈小，到了內宅，只剩一口游氣，他妻子正在睡覺，睜開眼說：「殺什麼？」戚將軍丟了刀跪下：「我殺那雞你吃。」

心膂股肱克大敵，父兄子弟肇皇清——薩爾滸之戰

滿清入主中原以前，建都盛京（瀋陽）。入主中原後，歷代皇帝都會到盛京巡視，稱為「東巡」，順便會到撫順附近的薩爾滸山古戰場憑弔一番。

乾隆四十一年（一七七六），乾隆皇帝東巡，途經薩爾滸山，下令刻石立碑（稱為「薩爾滸山之戰書事碑」），並親自撰寫碑文，還附一首詩：

鐵背山頭殲杜松，手麾黃鉞振軍鋒；
於今四海無爭戰，留得艱難締造蹤。

嘉慶十年（一八〇五），嘉慶皇帝東巡，也作了一首〈薩爾滸詠事〉，刻在「薩爾滸之戰書事碑」的側面，這首長詩的前四句是：

開基創業自興京，廿萬明師一鼓平；
心膂股肱克大敵，父兄子弟肇皇清。

要明瞭這兩首詩，得從頭說起。明神宗萬曆年間，遼東的女真族（滿族）出了位軍事天才——努爾哈赤，這兩首詩就是歌頌他的神威。

明朝時，遼東半島和山東半島屬於山東布政司；換句話說，遼東半島是明朝的直轄領土。至於遼東半島以外的女真族地區，則分成建州女真、海西女真和野人女真三部，採取間接統治。

明朝在建州女真的居地設置了三個軍事行政機構：建州衛、建州左衛和建州右衛，委任各部首領擔任指揮使。建州左衛的轄地，位於臨近朝鮮的圖門江流域一帶。

萬曆四十四年（1616），建州左衛指揮使努爾哈赤宣佈脫離明

努爾哈赤像，北京故宮博物院藏。（維基百科提供）

朝，自立為汗，國號大金（史稱後金）。萬曆四十六年（一六一八）正月，努爾哈赤以「七大恨」誓師，開始入侵遼東，連敗明軍，遼東全面告急。明朝決定發動一次大規模戰役，一舉消滅後金，薩爾滸之戰拉開序幕。

萬曆四十六年十二月，朝廷任命兵部右侍郎（相當於國防部副部長）楊鎬為遼東經略，開始積極備戰。這時遼東能作戰的部隊已所剩不多，於是緊急從全國各地調集軍隊，共約八萬八千人，又調集海西女真葉赫部一萬人，朝鮮軍一萬三千萬人，共計十一萬多人，號稱四十七萬。

努爾哈赤的部隊以「旗」為單位，共有八旗，每旗約七千五百人，八旗加起來約六萬人，在人數上不如明軍。但八旗全都由努爾哈赤和他的子侄率領，組織力和凝聚力遠非明軍所能及。

明軍原定萬曆四十七年（一六一九）三月二十一日發動攻勢，但朝廷為了節省軍費，不斷督促楊鎬儘快出兵，這時遼東颳起大風雪，諸將都認為時機不宜，楊鎬置之不理，最後決定二月二十五日出師。

明軍分成四路，以西路軍為主力，由山海關總兵杜松率領。三月初一開始接戰，努爾哈赤採取各個擊破的策略，先在薩爾滸山大勝杜松所率領的西路軍，三月初三再敗馬林所

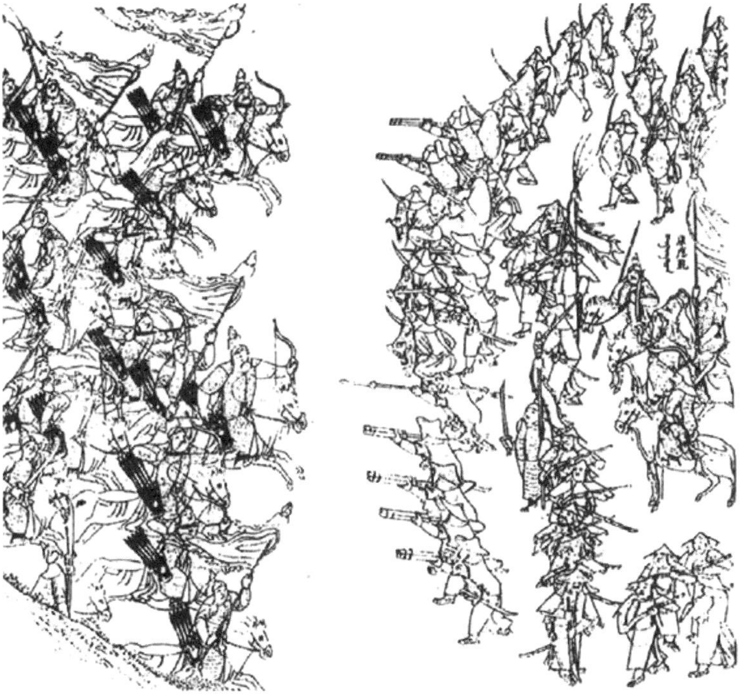

薩爾滸之戰明東路軍康應乾部（右側步兵）與後金軍騎兵接戰情景，明軍使用火器，後金軍只用冷兵器；取自《清實錄》。（英文版維基百科提供）

率領的北路軍，三月初五又殲滅劉綎所率領的東路軍，剩下的南路軍不戰自退。因為主戰場在薩爾滸山，所以史稱「薩爾滸之戰」。

乾隆詩：「鐵背山頭殲杜松」怎麼解釋？原來杜松進軍到渾河河岸，得知後金在對岸的鐵背山部署兵力，便將兩萬大軍留在薩爾滸山紮營，親自率領一萬人渡河進擊。努爾哈赤先集中兵力消滅薩爾滸山的明軍，再回師殲滅鐵背山下的杜松。不到兩天，作為主力的西路軍就煙消雲滅了。

薩爾滸之戰是一場決定性戰役，努爾哈赤的子弟兵以寡擊眾，五天之內擊潰了明軍，為滿清入主中原奠下基礎。

薩爾滸之戰後，後金次第佔有整個遼東半島，接著進軍遼西走廊。天啟六年（一六二六）元月，努爾哈赤連克七城，但進攻寧遠時，為袁崇煥所敗，史稱寧遠之戰，此役努爾哈赤被炮火擊傷，同年八月去世。翌年五月，皇太極進攻錦州、寧遠，史稱錦寧之戰，明軍再次取得勝利。

崇禎二年（一六二九），明朝中了皇太極的反間計，袁崇煥以通敵罪遭凌遲，臨刑寫下絕命詩：

> 一生事業總成空，半世功名在夢中；
> 死後不愁無將勇，忠魂依舊保遼東。

崇禎皇帝自毀長城，冤殺袁崇煥，軍人誰還願意為國家效命，後金入主中國已是遲早的事了。

滾滾長江東逝水，浪花淘盡英雄——明代的白話小說

隋、唐兩朝佛法鼎盛，各個教團為了使佛理深入民間，就把艱深的佛經改寫了。這種通俗化的佛經是從佛經「變」出來的，所以稱為變文。

變文是一種說唱組合的文體，說的部份是散文，唱的部份是韻文。例如敘說佛陀一生的《八相變文》，用韻文唱出釋迦牟尼出生時的情境，請看其前兩頌：

無憂樹下暫攀花，右脇生來釋氏家。
五百夫人隨太子，三千宮女捧摩耶。
（傳說王后摩耶夫人舉手攀住無憂樹的樹枝休息時，從右脇生下太子釋迦牟尼。）

民間文人聽慣了僧人說唱的佛經故事，不免會模仿僧人的口吻，說唱歷史故事或民間故事。到了宋朝，變文逐漸消失，新興的是「諸宮調」和「說話」。諸宮調以唱為主，以後演變成戲劇；說話則演變成小說。

宋代的說話，類似後世的說書，內容以民間故事和歷史故事為主。當時說唱已成為一種職業，幹這一行的稱為「說話人」，「話本」就是說話人所寫的底本。

宋代演唱說話、表演雜耍等的娛樂場所，稱為瓦子或瓦舍，盛時汴京就有五十餘座，大的可容納數千人，臨安也有十幾座。

到了明代，話本已從說話人的底本，逐漸轉變成供人閱讀的讀本。為了因應市場需要，文人開始模仿話本寫作短篇小說，這種為閱讀、不為說唱寫作的話本，學者特稱為話本小說。

另一方面，從元末明初起，文人開始將流傳下來的大部頭話本加以整理、增刪、潤飾，成為長篇的章回小說。

明代中葉以後，政治愈來愈黑暗，但沿海一帶卻愈來愈繁榮，出版業因而興盛起來，話本小說是當時最受歡迎的通俗讀物。

一篇話本小說，通常含有篇首、入話、頭回、正話和篇尾等五個部份。篇首通常是一首詩，或一詩、一詞，用來概括全篇大意；入話是緊接篇首的一段議論；頭回是與本事相類似或相反的小故事；正話就是本事，敘述中經常夾雜詩詞；篇尾是總結全篇要旨的勸誡或教諭性文字。

明末的馮夢龍和凌濛初，是編寫話本小說的兩大巨匠。馮夢龍編寫的三部話本小說《喻世明言》、《警世通言》和《醒世恆言》，合稱「三言」，其故事來源，除了少數取自宋、元話本，其餘大多取材唐代以來的文言小說。

凌濛初編寫的兩部話本小說《初刻拍案驚奇》和《二刻拍案驚奇》，合稱「二拍」，是在書商要求下編寫的。他在自序中說，因為宋、元話本已被馮夢龍「搜括殆盡」，只好「取古今來瑣碎事」，編寫成小說。凌濛初所說的「古今來瑣碎事」，主要還是文言小說。唐代以來的文言小說，是話本小說的主要來源。

三言和兩拍風行一時，明末的抱甕老人，從

明金陵兼善堂本《警世通言》卷一「俞伯牙摔琴謝知音」版畫。

《三國演義》第一回「宴桃園豪傑三結義，斬黃巾英雄首立功」版畫插圖，明金陵萬卷樓刊本。（維基百科提供）

中選取四十篇，輯成《今古奇觀》。三百多年來，這個選本在社會上廣泛流傳，影響極為深遠。

從隋、唐的變文開始，經過宋、元，白話文已愈來愈成熟。同時，明代作家承襲了宋、元作家的寫作經驗，在小說寫作技巧上也有長足的進步。所以明代的小說成就，遠非宋、元所能及。

明代的章回小說，以《水滸傳》、《三國演義》、《西遊記》和《金瓶梅》最為重要，合稱「四大奇書」。此外，流傳至今的《封神演義》（俗稱《封神榜》），也是明代的著作。值得強調的是：中國「四大名著」——《水滸傳》、《三國演義》、《西遊記》和《紅樓夢》，只有《紅樓夢》是清代著作，可見明代在中國小說史上的地位有多高。

《水滸傳》、《三國演義》和《西遊記》分別是彙集流傳民間的宋江故事、三國故事和西遊故事而成。《水滸傳》的作者，據說是元末明初的施耐庵，經過明初的羅貫中改編，成為流傳至今的本子。《三國演義》作者也是羅貫中。《西遊記》的作者是明代中葉的吳

文言小說

六朝已發展出筆記體的「志怪」小說，作者只是據聞而錄，並非有意識地創作小說，和今日定義下的小說不同。到了唐代，作者開始有意識地創作小說，出現以人物傳記為主的「傳奇」，至此小說的各個要素具備，文言小說才算真正成熟。到了宋代，話本小說興起，文言小說式微。到了明代，文言小說復興，此後通稱「筆記」小說。明代具代表性的筆記小說有明初的《剪燈新話》、《剪燈餘話》和明中的《覓燈因話》，合稱「三燈」。到了清初，文壇上學習唐傳奇的風氣盛行，最著名的就是《聊齋誌異》，後起的筆記小說如《螢窗異草》、《夜譚隨錄》等，皆受其影響。

承恩。《金瓶梅》的作者不詳，是中國第一部文人獨立創作的長篇小說。

章回小說雖然是長篇小說，但仍可看出話本的痕跡，這從《三國演義》用一闋詞開篇，就可看出端倪。

滾滾長江東逝水，浪花淘盡英雄。
是非成敗轉頭空，青山依舊在、幾度夕陽紅。
白髮漁樵江渚上，慣看秋月春風。
一壺濁酒喜相逢，古今多少事，盡付笑談中。

其實這闋〈臨江仙〉不是羅貫中作的，而是楊慎《二十一史彈詞》說秦漢的開場詞。楊慎，明正德六年（一五一一）殿試第一，是明代蜀中唯一狀元。《二十一史彈詞》分為十段：總說、說三代、說秦漢、說三分兩晉、說南北史、說五胡亂華、說隋唐二代、說五代史、說宋遼金夏、說元史，每段都有一闋開場詞。

西儒有道者，文玄談更雄——傳教士東來

十六世紀，西歐發生宗教改革運動，西歐的基督宗教分裂成兩大支系：原有的公教（俗稱天主教）和分裂出來的新教（俗稱基督教）。宗教革命的直接原因，是教會腐敗，若干神職人員希望另起爐灶，但也有些神職人員走上另一條改革之路，其中以一五三四年成立的耶穌會最具代表性，他們嚴守戒律，不避艱險到遠地傳教，以道德、學問贏得世人尊敬。

西元一五八三年（明神宗萬曆十一年），義大利籍的耶穌會會士利瑪竇（一五五二～一六一〇），幸運地獲准進入中國。在這之前，傳教士到了葡萄牙的租借地澳門，就被迫止步了。

利瑪竇年輕時就讀羅馬學院，學習哲學和神學，並師從著名數學家克拉烏（丁先生），學習數學和天文。一五七八年，他離開歐洲、前往東方時，已是位嶄露頭角的年輕學者。

利瑪竇在印度、越南傳教四年，一五八二年到達澳門，開始學習中文，翌年進入中國。

利瑪竇（右）、湯若望像，取自德籍耶穌會會士、早期漢學家基歐爾著 China Illustrata（《中國圖說》），1667 年刊印。（英文版維基百科提供）

他先到廣東，偽裝成和尚，暗地裡傳教。後來結識了讀書人，才知道中國人看重知識份子，於是改穿儒服。他又發現，中國的士大夫對西方事物感到好奇，於是以「西學」為媒介，展開他的傳教事業。

西元一五九八年，利瑪竇來到南京，結交了不少名士，戲曲家汪廷訥送他一首詩〈酬利瑪竇贈言〉：

西儒有道者，文玄談更雄；
非佛亦非老，飄然自儒風。

看來汪廷訥似乎弄不清利瑪竇的身份，認為他是位文章玄奧、談吐雄健、非佛非道的西方儒者呢！

西元一六〇一年（萬曆二十九年），利瑪竇進京晉見皇帝，獲准定居北京。他的信徒中最重要的一位，就是後來當到內閣大學士的徐光啟。他和徐光啟合譯《幾何原本》，首次將幾何學引進中國。他繪製的世界地圖《坤輿萬國全圖》，使國人眼界大開。他的《天主實義》，是第一部中文神學著作。

利瑪竇藉著天文、數學、地理等西學知識，和通曉中國經典，深受中國知識份子敬重，

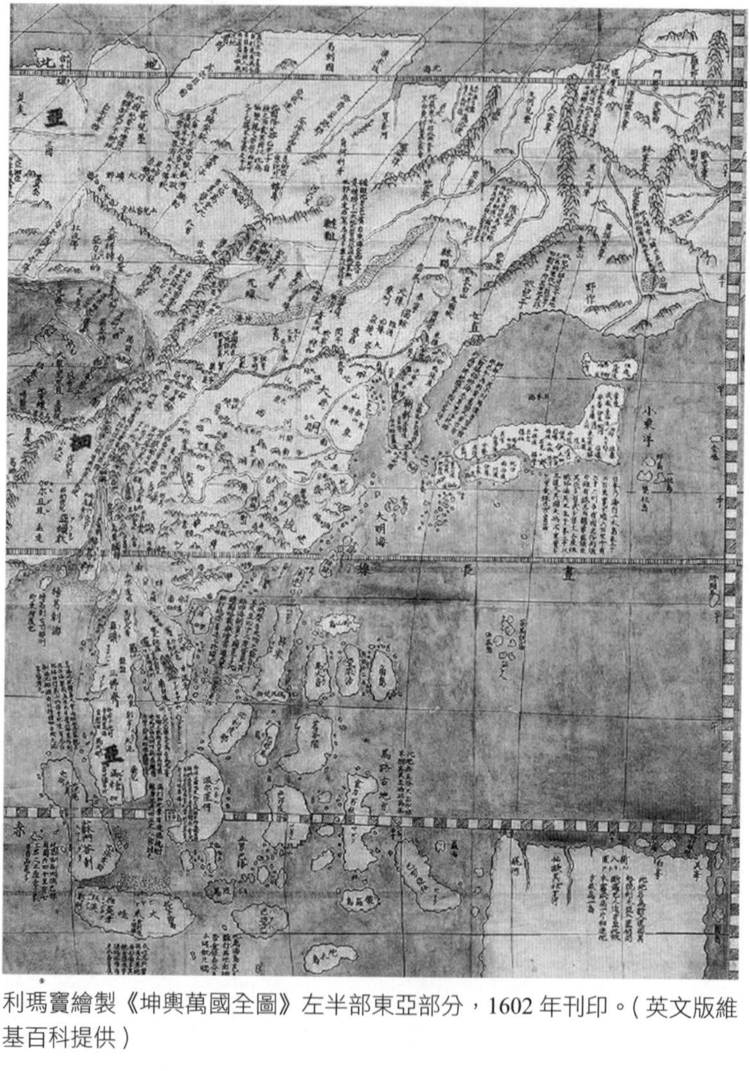

利瑪竇繪製《坤輿萬國全圖》左半部東亞部分，1602 年刊印。(英文版維基百科提供)

尊稱他「泰西儒士」。一六〇一年（萬曆三十八年），利瑪竇病逝北京，享年五十八歲。當時外國人死在北京，必須運回澳門安葬，萬曆皇帝特別賞賜了一塊土地，作為利瑪竇及

李笠翁《夏宜樓》的望遠鏡

傳教士帶來許多西方事物，望遠鏡就是其中之一。明末清初戲曲家、小說家李笠翁的話本小說集《十二樓》，就是以一架望遠鏡穿針引線。《十二樓》收十二篇短篇小說，每篇皆以樓名作為篇名。《夏宜樓》主人翁瞿公子，在古玩店買到一架西洋千里鏡，遂以讀書為名，到山上租住僧房，終日遠窺大戶人家小姐，希望找到一位才貌出眾的佳人。瞿公子終於尋到詹府千金，但故事一波三折，每每進展到山窮水盡，又是公子以望遠鏡預先窺知詹府的秘密，故而化險為夷（以上參閱金濤作〈夏宜樓——李笠翁的科學小說〉）。笠翁作《夏宜樓》時，望遠鏡已傳入中國一段時間。一六一九年，耶穌會傳教士金尼閣攜同鄧玉函、湯若望等來到中國，望遠鏡可能是他們帶來的。一六二六年，湯若望著《遠鏡說》，有系統的介紹望遠鏡。到了清初，望遠鏡已較普遍，康熙朝初期，郡王蘊端作有〈西洋四鏡詩〉，四鏡指望遠鏡、顯微鏡、火鏡（凹面鏡）、多寶鏡（萬花筒），詠望遠鏡的部份是：「**數片玻璃珍重裁，攜來放眼雲煙開。遠山逼近近山來，近山遠山何嵬嵬。……**」

其他傳教士的墓園。

利瑪竇的成功，使得教會知道應該派什麼樣的人到中國傳教，於是許多第一流的科學家來到中國。例如德國籍的鄧玉函，與伽利略同為猞猁學院院士，這是當時歐洲科學家的最高榮譽。這些耶穌會傳教士帶來科學新知，有些還進入曆局或欽天監，負責修訂曆法、掌管天文，清初頒行的《時憲曆》就是耶穌會會士湯若望修訂的。

基督宗教不准崇拜偶像，利瑪竇不墨守教條，容許教徒祭祖、祭孔，這是耶穌會在華傳教順利的重要原因。到明亡時（一六四四），耶穌會先後有八十二位會士到中國傳教，建立教堂一百五十六座，有信徒二十四萬五千人。

西元一六三三年，另一修會道明會開始到中國傳教，對於耶穌會的做法很不以為然。一六四三年向教宗告狀，經過長期討論，一七〇四年教廷終於下令，不許中國教徒祭祖、祭孔。康熙皇帝大怒，批示：「以後不必西洋人在中國行教，禁止可也，免得多事。」

利瑪竇開啟的在華傳教事業，因為教廷的傲慢無知遭到重挫，中國也失去西學傳入的管道。從康熙到雍正、乾隆，仍有傳教士東來，擔任欽天監的工作，或畫院的工作，但已不能公開傳教了。

慟哭三軍皆縞素，衝冠一怒為紅顏——甲申之變

崇禎十二年（一六三九）河南大旱，遍地是災民。河南杞縣舉人李岩投奔流寇「闖王」李自成，李岩勸李自成均田、減賦，又編造童謠，令人到處傳唱：

吃他娘，穿他娘，開了大門迎闖王，闖王來時不納糧。

朝求升，暮求合，近來貧漢難求活。早早開門拜闖王，管教大小都歡悅。

（升和合，都是糧食的容量單位。）

饑民受到蠱惑，成千上萬地投靠李自成，他的力量愈來愈大了。

李自成（一六〇六～一六四五）原先是個驛卒。明朝在全國設立一千九百三十六個驛站。每個驛站都有若干馬匹，和為數不等的驛卒。驛站的主要任務是傳遞公文，其次是接待出差的官員。

明思宗崇禎元年（一六二八），朝廷為了節省開支，開始大量裁撤驛卒。在銀川驛（今

寧夏銀川）當驛卒的李自成被裁了，只好返回家鄉（陝西米脂縣），靠著借貸過活。不久因為還不起債，被告到官府，就一不做二不休地殺了債主，逃到甘肅投軍去了。

投軍後的李自成，不久又殺了上級和當地縣令，加入流寇行列。這時流寇已十分猖獗。自從薩爾滸之戰慘敗，逃回的敗軍不被官方接納，成為第一波流寇；到了崇禎初年，山西、陝西、河南、湖北、四川等省已是遍地流寇，被裁失業的驛卒和流寇合流，流寇的力量更大了。

流寇的成員，除了為首份子，大多是些活不下去的饑民。明廷為了因應遼東戰事，徵收「遼餉」；後來因應流寇問題，加徵「剿餉」和「練餉」；其他苛捐雜稅更多如牛毛。顧炎武在《天下郡國利病書》中說，當時有些地方一畝地只值七、八兩銀子，稅捐卻達十兩！豐年時或許還能苟活，遇到荒年，就只有餓死，或加入流寇一途了。

崇禎十四年（一六四一）正月，闖王李自成攻克洛陽，福王（萬曆皇帝的第三子）朱常洵被殺，李自成將他的肉割下來，和鹿肉一起煮，舉行盛大宴會，稱為「福祿宴」。此後李自成攻破開封、長安，軍力愈來愈強。崇禎十七年正月，李自成在長安稱帝，國號「大順」。

清初詩人吳偉業（號梅村），寫過一首長詩〈圓圓曲〉，描寫蘇州名妓陳圓圓的事蹟，其中最有名的兩句是：

慟哭三軍皆縞素，衝冠一怒為紅顏。

前一句寫的是：崇禎皇帝自縊，三軍慟哭，都穿上喪服。後一句寫的是：山海關總兵吳三桂聽說他的愛妾陳圓圓被李自成擄去，一怒之下引清兵入關，讓女真人有了入主中原的機會。

崇禎十七年（一六四四）正月，李自成從河南率軍東征，三月十七日攻入北京，十九日進入紫禁城，崇禎皇帝在景山自縊，史稱「甲申之變」，明朝等於亡了。

當明朝君臣得到李自成大舉來犯的消息，就命令吳三桂火速進關勤王。吳三桂還沒到達北京，聽說崇禎已經自縊，就退回山

景山公園明思宗殉國處，左後為崇禎自縊古槐。(drnan tu 攝，維基百科提供）

海關，希望保全自己的實力。

進入北京的李自成軍，不到十天，就現出原形，以夾棍、毒打、炮烙等酷刑，有計劃地逼迫官員和富人交出錢財。他的軍隊更是姦淫擄掠無所不為。北京城頓時成為恐怖之城。

吳三桂全家三十四口被李自成抓起來做為人質，逼他投降；他的愛妾陳圓圓被李自成的部下擄去當老婆。起初吳三桂還有投降的念頭，聽說陳圓圓被人佔去，就改變了主意。四月二十一日，李自成率軍攻打吳三桂，吳三桂與清軍聯手，大敗李自成。二十六日，李自成倉皇逃回北京，二十九日在北京稱帝，翌日就逃往長安，結束了整整一個月的鬧劇。

陳圓圓像，取自《清史圖典》順治朝，紫禁城出版社，2002 年。（維基百科提供）

湖廣填四川

流寇大多嗜殺，其中以八大王張獻忠最烈。崇禎十七年春，張獻忠進入四川，當時四川至少有六百萬人，不到三年，就殺得只剩下八萬！大亂結束後，清廷實施大規模移民，填補四川人口。從康熙朝起，一百年間約有六百萬人移入四川，其中以來自湖廣省者最多，史稱「湖廣填四川」。康熙三年（一六六四），湖廣析為湖北、湖南兩省，但民間仍沿用湖廣舊稱相當一段時間。現今的四川人，約百分之八十五為湖廣填四川者的後裔。

數點梅花亡國淚，二分明月故臣心——南明哀歌

當流寇為禍北方，弄得民不聊生的時候，南方仍然歌舞昇平。特別是南京，市況似乎更繁榮了，秦淮河沿岸的歌台舞榭有增無減，入夜後畫舫點點，將一座古城妝點得分外柔媚。

自從永樂帝遷都北京，南京改稱「留都」，除了沒有皇帝，中央政府的各種建制幾乎一應俱全。舉例來說，南京都也有「六部」，崇禎末年留都的兵部尚書就是民族英烈史可法。

崇禎十七年（一六四四）

史氏祖譜所載史可法像，取自網站「中國歷代名人圖像多圖概覽」。史可法為留都東閣大學士、兵部尚書。

三月，李自成攻入北京，崇禎皇帝自縊。消息傳到南京，大臣們認為國家不可一日無君，但由誰繼任卻爭論不休，握有兵權的留都兵部尚書史可法成為關鍵人物。

史可法屬意桂王，但還沒採取行動，鳳陽總督馬士英已聯合駐守江北的四位將領（江北四鎮），擁立福王朱由崧，同年五月在南京即位，年號弘光，史稱「南明」。

當時清軍加上明朝的降軍，總共不過二、三十萬人。南明擁有半壁江山，仍然大有可為。怎奈弘光是個昏君，擁立有功的馬士英成為首席大臣，聲名狼藉的閹黨份子阮大鋮接替史可法成為兵部尚書。史可法遭到排擠，自動請求前往揚州，率領江北四鎮，防堵流寇和清兵南下。

弘光元年（一六四五）春，李自成流竄到湖北，駐守武昌、擁有重兵的左良玉，不敢和李自成作戰，打著「清君側」、「除馬阮」的口號，率領大軍東下。馬、阮急忙調遣江北四鎮迎擊左軍，但四鎮各有盤算，清軍趁機攻陷揚州，接著渡過長江，兵臨南京城下。弘光逃到蕪湖，被叛將獻給清軍，在位只有一年。

明末清初詩人錢秉鐙，曾參與反清復明活動，他的長詩〈悲憤詩〉，前三分之一描寫弘光朝的時代背景：

南國失國柄，二豎覆皇都。
武昌興甲兵，傳檄誅奸徒。
烽火照河北，四鎮還相圖。
撤兵防上游，坐視揚州屠。
所慮楚師下，寧憂胡馬驅？
胡馬渡江來，奸臣棄主逋。
可憐佳麗地，士女成炭塗。
……

南國，指南明；二豎，兩個壞人，指馬士英和阮大鋮；胡馬，指清兵；逋，逃的意思；四鎮，指江北四鎮。對照上述史實，就不難了解上引詩句了。

揚州的史公祠，是紀念史可法（一六〇一～一六四五）而建的，正中的「饗堂」，兩側懸掛清末詩人張爾蓋的名聯，上聯是「**數點梅花亡國淚**」，下聯是「**二分明月故臣心**」。要了解這副名聯，得從史可法的殉國說起。

順治二年（一六四五）三月，清軍南下。這時發生左良玉「清君側」事件，史可法奉命迎擊左軍，走到南京附近，得知左良玉已經敗亡，急忙返回駐地，清軍已經趁著江北空虛南下了。

四月十八日，清將多鐸包圍揚州，史可法一再向朝廷求援，都相應不理；他所統轄的江北四鎮，為了保存實力，也坐視不救。史可法不是將才，除了決心一死，拿不出什麼守城的辦法。二十四日，清軍以大炮攻城，二十五日就被攻破，史可法自殺不成被俘。多鐸

東林和復社

萬曆三十二年（一六〇四），明儒顧憲成與高攀龍等在家鄉無錫東林書院講學，他們議論時政，漸漸形成一個政治團體，人稱「東林黨」。顧憲成題書院門聯：「風聲雨聲讀書聲，聲聲入耳；家事國事天下事，事事關心。」明熹宗時，人稱宦官魏忠賢的黨羽為「閹黨」，他們拆毀書院，殺害東林黨人士，朝野忠良盡去。近人鄧拓有詩詠東林黨人：「東林講學繼龜山，事事關心天下間；莫謂書生空議論，頭顱擲處血斑斑。」天啟四年（一六二四），蘇州人張溥、張采在家鄉創辦復社，漸漸發展成政治社團，他們採取溫和進諫方式，與閹黨相周旋。怎奈皇帝昏聵，東林、復社的書生能奈之何！

揚州城破，清軍肆意屠殺，死難者達十萬人。倖存者王秀楚，曾任史可法幕僚，根據親身見聞著成《揚州十日記》，記述四月二十五日至五月五日大屠殺慘狀。此書國內不見流傳，清末有人自日本攜回，成為革命黨人重要宣傳文獻。（圖為清末刊本插圖，維基百科提供）

勸他投降，願意給他高官厚祿，史可法回說：「我早就下定決心，要和揚州共存亡，即使碎屍萬段，也甘之如飴。」

史可法殉國後，部將率領殘部和城中百姓繼續與清軍巷戰，清軍經過激烈戰鬥才佔領揚州。多鐸惱羞成怒，下令屠城，持續屠殺了十日，史稱「揚州十日」，死難軍民難以估計。

大屠殺過後，史可法的遺體不知下落。順治三年（一六四六），史可法的義子將其衣冠葬在揚州城外的梅花嶺，全祖望的〈梅花嶺記〉，就是記述此事。

談到這裡，再回過頭來看看史公祠的那副名聯——「數點梅花亡國淚，二分明月故臣心」。下聯的「二分明月」，引用唐詩典故，指的正是揚州。兩聯用隱喻的手法，扣緊一段悲壯的史實，讀來令人低迴不已。（本篇所引錢秉鐙〈悲憤詩〉，由明史學者楊穌之先生提供，謹致謝忱。）

隆武和永曆

弘光政權結束後，又有多位明朝皇族在南方建立政權，其中較重要的有：在福州登基的唐王，年號隆武（一六四五～一六四六）；在廣東肇慶登基的桂王，年號永曆（一六四六～一六六二）。隆武維持了不到一年，隨著鄭芝龍降清而終結。永曆的軍隊主要由收編的張獻忠部隊構成，曾控制兩廣和西南各省，維持了十幾年，直到一六六一年才被吳三桂所殺。永曆被殺後，明鄭繼續使用永曆年號，直至一六八三年覆亡。

開闢荊榛逐荷夷，十年始克復先基——台海風雲

崇禎三年（一六三〇），一艘鄭家的武裝商船從日本平戶啟航，目的地是福建安海。崇在碼頭上，一位穿著和服的少婦，一面叮嚀兒子，一面拭淚。他兒子不過七歲（實歲六歲），神情卻出奇地剛毅，仰首安慰母親：「這艘船是爸爸的，媽媽就放心吧。」少婦更覺得不捨，緊抱著兒子哭個不停。

這位少婦就是鄭芝龍的日本妻子田川氏，她的長子就是大名鼎鼎的國姓爺鄭成功（一六二四～一六六二），次子已過繼給娘家，不姓鄭。崇禎元年（一六二八），鄭芝龍接受招安，成為明朝的武將，特地派人到日本接回兒子。當時日本禁止本國人出國，田川氏和次子不能和鄭成功同行。

鄭芝龍年輕時到過澳門、馬尼拉，學會葡萄牙語，後來到了日本平戶，追隨海盜李旦、顏思齊，並娶了田川氏。當時中國實施海禁，一些武裝海商集團（海盜）就將根據地設在日本，其中以李旦和顏思齊的勢力最大。

西元一六二四年，荷蘭人開始在現今的安平建立熱蘭遮城。同一年，顏思齊和鄭芝龍也來到台灣。當時荷蘭人和西班牙人是死對頭，荷蘭人利用這夥海盜在台灣海峽截擊前往馬尼拉的中國商船，從此台灣海峽成為他們的禁臠。

一六二五年，李旦、顏思齊相繼過世，鄭芝龍接收了顏思齊的人馬和李旦的船隊，以魍港（今嘉義布袋）為基地，勢力愈來愈大。一六二八年接受招安前，已擁有七百多艘艦船；招安後，更以官兵的身份打擊其他海盜勢力。一六三三年，鄭芝龍打敗海盜劉香和荷蘭人的聯軍，成為東南沿海唯一的海上霸主。

十七世紀所繪熱蘭遮城（Diego Ruschel 繪，英文版維基百科提供）。圖中有旗幟處為內城，其右為外城，左側為街市（台灣街）。熱蘭遮城位於沙洲——鯤身北端，圖中近處沙洲為北線尾，船舶只能從兩沙洲間進入台江內海。

鄭芝龍雄霸海上期間，創設「山路五商」和「海路五商」，由族人鄭泰負責，掌控沿海對外貿易。山路五商總部設在杭州，設「金木水火土」五行，負責採辦瓷器和絲織品等中國特產；海路五商總部設在廈門，設「仁義禮智信」五號，負責貨物出入，並擁有龐大船隊，經營北至日本、南至南洋的海上貿易。

順治三年（一六四六）鄭芝龍降清，所部各立山頭，成為東南義軍主力。鄭成功於是年起兵，以鼓浪嶼為基地，發展迅速，至順治七年底，已成為東南最大的一支反清勢力。鄭芝龍降清後，鄭家的「五商十行」仍在運作，成為鄭成功的主要軍費來源。

西元一六六二年二月一日，荷蘭人向鄭成功投降，二月十二撤離台灣。鄭成功登上熱蘭遮城，遙望荷蘭人駛出港口，思緒紛至沓來，往事一幕幕湧上心頭。

他想起在平戶和母親別離的情景，又想起自己

國姓爺鄭成功像。作於十七世紀，傳為鄭氏入台後所繪。鄭成功取台灣之前，荷蘭人已對其頗為忌憚。（維基百科提供）

十五歲中秀才，二十一歲進南京國子監，拜在名儒錢謙益門下。又想起崇禎自縊後第二年（一六四五），父親想方設法將母親接回國，但不旋踵清兵南下，父親想保住龐大的家產，竟然不戰而降，結果父親被抓到北京軟禁，慈母因遭清兵玷污自縊。他親自剖開母親的肚子清洗乾淨，讓她清白下葬。接著在鼓浪嶼起兵抗清，那年他二十二歲。

接下去是無休止的征戰，至順治七年，已發展成東南最大的反清勢力。順治十五年（一六五八），他大舉北伐，大軍從海路進入長江，一直打到南京，曾賦詩一首〈出師討滿夷自瓜洲至金陵〉：

郭懷一事件

荷據時期（一六二四～一六六二），荷蘭人把土地承包給「結首」，也就是承租者，由他們到內地招募墾丁。傳為鄭芝龍舊部的郭懷一，就是位大結首。一六五二年（庚寅），郭懷一密謀起事失敗，死難者四千多人，約佔臺灣墾丁總數的三分之一！清末臺灣詩人林景仁有詩詠郭懷一：「翁伯平生血三斗，海風被面吹不涼；仰天一笑擲匕首，怨氣千秋橫白虹。」連橫跋：「庚寅，俠士郭懷一謀逐荷人，事覺，被戮。」

縞素臨江誓滅胡，雄師十萬氣吞吳；
試看天塹投鞭渡，不信中原不姓朱。

可惜南京之役以失敗收場。北伐失利，使他意識到必須找個更大的根據地，於是將目投向台灣。

西元一六六一年四月，他率領九百艘船隻、二萬五千人直取台灣。先攻下赤崁城，再圍困熱蘭遮城。這年十月，消息傳來，他父親因不能勸他投降，全家十一口都被滿清殺害。翌年二月，荷蘭人終於投降。……一幕幕往事讓他不能自已，於是傳下命令，備妥文房四寶，揮毫寫了一首〈復台詩〉：

開闢荊榛逐荷夷，十年始克復先基；
田橫尚有三千客，茹苦間關不忍離。

前兩句是說，台灣原是先人的基業，經過多年策劃，才將荷蘭人趕走。後兩句借用田橫五百士的典故，說自己不論怎麼辛苦，都不會背離明朝。

鄭成功驅逐荷蘭人，從此漢人主宰了台灣。要是沒有鄭成功，台灣可能像菲律賓一樣，

台灣末代長官揆一著《被遺誤的福爾摩沙》一書中的插圖，1675 年出版，描繪鄭荷海戰情景。（維基百科提供）

天地會的起源

明清之交，漳州詔安九甲地方豪強張要，與一干兄弟結義，皆改姓萬，以示萬眾同心，張要改稱萬禮。順治七年（一六五〇），萬禮率眾投靠鄭成功，十年封建安伯，十六年長江之役陣亡。這干兄弟的老五，失諱，人稱萬雲龍，為長林寺僧，法號達宗。若干學者認為，萬雲龍是創立天地會的關鍵人物。盧若騰有詩〈贈達宗上人〉：「君家兩俊傑，異道卻相謀；以爾津梁法，為人幃幄籌。心惟存選佛，骨不羨封侯。軍旅喧闐處，長林未改幽。」「君家兩俊傑」，指萬禮、萬雲龍昆仲。盧若騰，金門人，崇禎庚辰進士，明亡後參與弘光、隆武政權，後依鄭成功。萬雲龍曾參贊鄭軍軍務，從中可以看出天地會與鄭軍（不一定是鄭成功本人）間的關聯。

成為以原住民為主體的國家。

同治十三年（一八七四），福建船政大臣沈葆楨奉命來台督辦軍務，台南士紳向他請願，希望建祠祭祀鄭成功，沈氏上奏獲准，光緒二年（一八七六）延平郡王祠建成，沈氏題寫對聯：

開萬古得未曾有之奇，洪荒留此山川，作遺民世界；極一生無可如何之遇，缺憾還諸天地，是創格完人。

世人咸認，此聯最能彰顯鄭成功的歷史定位。

避席畏聞文字獄，著書都為稻粱謀——薙髮易服和文字獄

順治元年（一六四四）清兵入關，開始頒佈「薙髮令」，強迫漢人改變髮式，但考慮到南方未定，並未嚴格執行。翌年五月消滅南明弘光政權，再次頒佈薙髮令，開始嚴格執行。

當時滿洲人可能不到一百萬人，滿洲八旗軍可能不到十萬人，加上蒙古八旗、漢軍八旗，總兵力可能不到二十萬人。憑著這麼點兒人口、兵力，怎麼統治全中國？當時中國至少有四、五千萬人啊！

滿清的辦法是讓漢人變成滿人。滿州人的髮型與漢人迥異，男子將前顱、兩鬢的頭髮剃光，只留下後顱一小區域的頭髮，紮成一條細長的辮子。漢人成年後，男女都將頭髮綰成髻，盤在頭頂，如果頭髮太長了，只會剪掉髮梢，從不剃除任何部位的頭髮。

除了強迫薙髮，也強迫漢族男子改穿滿族服裝。漢族的傳統服裝具有交領、右衽、繫帶、無扣等特徵；滿州人服飾以馬褂為主，具有立領、對襟、盤扣等特徵。滿清厲行薙髮

易服，無非是摧殘漢人的民族自尊，讓被征服者徹底臣服。魯迅說：「滿清殺盡漢人的骨氣廉恥。」其實明代皇帝殘暴、昏聵，政治黑暗，民不聊生，才是滿清得逞的根本原因。

薙髮令激起反抗，江南一帶尤其激烈，殘酷的「嘉定三屠」、「江陰八十一日」，就是薙髮令引起的。當時全國各地有不少人因為不願薙髮易服而自盡，有人冒死東躲西藏，清初大儒顧炎武就是個例子，他寫過一首〈斷髮詩〉：

一旦持剪刀，剪我半頭禿。
華人髡為夷，苟活不如死。

1793 年 8 月英國使臣馬戛爾尼率領使節團前來中國，9 月晉見乾隆，希望建立正常貿易關係，為乾隆拒絕，翌年 3 月從廣州離開中國。隨團畫師 Willian Alexander 畫下大量圖稿，圖為其中一幅，後排第三人顯示清初的辮髮，除了顱後，近乎光頭。（維基百科提供）

穿馬褂的李鴻章，攝於 1896 年，取自 Russell & Sons 著《*Li Hung-Chang: His Life and Times*》（維基百科提供）。馬褂具有立領、對襟、盤扣等特徵，與漢人傳統服裝迥異。

他躲藏到順治七年（一六五〇），因遭人密告，只好將頭髮剪掉，改名換姓，扮作商人，逃離家鄉。大約此時，作長詩〈剪髮詩〉，摘錄其中幾句：

晨上北固樓，慨然涕如雨。
稍稍去鬢毛，改容作商賈。
卻念五年來，守此良辛苦。

堅持了五年，仍得剃掉，哪能不淚下如雨！當時還有些人選擇出家，顧炎武的朋友、明代文學家歸有光的曾孫歸莊就是個例子。清兵南下，歸莊參與抗清活動，失敗後削髮為僧，法號普明，作〈斷髮詩〉以明志：

親朋姑息愛，逼我從胡俗。

一旦持剪刀，剪我頭半禿。
髮乃父母生，毀傷貽大辱。
棄華而從夷，我罪今莫贖。
人情重避患，不殫計委曲。
得正復何求？所懼非刑戮。
況復事多變，禍福相倚伏。
吾生命在天，豈必罹荼毒！
已矣不可追，垂頭淚盈掬！

《孝經》開篇就說：「身體髮膚受之父母，不敢毀傷，孝之始也」，既然不願「棄華而從夷」，只好落髮為僧。

薙髮易服的目的是摧毀漢族全民族的自尊，文字獄是利用恐怖手段，控制知識份子的思想、言行。從大部頭的專著、詩文集，到一篇短文、一首詩、一封信，甚至一字半句的言語，不管是自己作的，還是抄別人的，都可以作為文字獄的罪證。

從康熙到乾隆，文字獄愈演愈烈。一次文字獄，被殺、被流放的往往有幾百人，已死

呂留良像，取自葉公綽輯、楊鵬秋摹繪《清代學者像傳》第二集（維基百科提供）。呂留良，號晚村，浙江桐鄉人。著有《晚村先生文集》等，曾參與抗清，富民族思想。留良死後，弟子曾靜策動岳鍾琪反清，被告發下獄，雍正六年（1728）留良與其長子遭剖棺戮屍，幼子斬首。

的甚至被開棺戮屍。文字獄真正涉及反清的並不多，大多故意羅織，製造恐怖氣氛。例如雍正年間，有人因寫了「明月有情遠顧我，清風無意不留人」被殺；乾隆年間，有人因寫了「飛龍大人見，亢悔更何年」，遭凌遲處死；有人因寫了「大道日以沒，誰與相維持」，遭凌遲處死……。

當時有位告老還鄉的大臣總結其處世經驗：「從不以字跡與人交往，即偶有無用稿紙，亦必焚毀。」直到清代中葉，知識份子仍然聞文字獄色變。詩人龔自珍寫過一首〈詠史〉，其中最有名的兩句是：

避席畏聞文字獄，著書都為稻粱謀。

意思是說：「中途離席是怕聽到文字獄的消息或議論，著書寫作不過為了餬口而已。」兩句詩忠實地寫出知識份子的心態。知識份子不敢參與集會，謹言慎行，唯恐陷入文字獄中。著書立說只是為了生計，不敢抒發一己見解。

康熙、雍正、乾隆三朝，歷時一百三十多年，文治武功鼎盛，史稱康乾盛世。史上為人稱道的漢、唐盛世，除了文治武功，還湧現出一大批人才，在哲學、文學、史學、美術、音樂上都有傑出的表現。回顧一下康乾盛世，雖然長期天下太平，但文化上乏善可陳，甚至不如政治黑暗、皇帝不是暴君就是昏君的明朝。箇中原因，從接二連三的文字獄或許可以找到答案。

文治武功真大略，挽弓策馬論英雄——清初的文治和武功

康熙四十七年（一七〇八），也就是愛新覺羅玄燁（一六五四～一七二二）親政第四十一年，熱河行宮（避暑山莊）初步建成，《佩文齋書畫譜》也編成了，不禁詩興大發，寫下一首〈無題詩〉：

挽弓策馬論英雄，漫捲黃沙破帝宮。
文治武功真大略，佩文新譜墨林崇。

「漫捲黃沙破帝宮」，是指在沙漠中建成熱河行宮，作為蒙族、藏族王公的覲見場所；「佩文新譜墨林崇」，是

康熙讀書坐像，藏館不明。（維基百科提供）

指編成《佩文齋書畫譜》，自稱受到書法界推崇。

康熙七歲（虛歲）即位，十四歲親政，接著平定三藩之亂、拿下台灣、驅逐俄羅斯、親征準噶爾……這首自況意味十足的〈無題詩〉，並不足以概括其文治武功。

康熙可能是中國史上最好學的一位皇帝，除了傳統學問，也學習西方學問，有一次到木蘭圍場打獵，晚間猶自秉燭做幾何證明題！他自幼習武，身強體健，精於騎射，曾當著蒙古王公施展箭法，令對方驚駭不已。他自稱曾獵虎一五三隻，更不可思議的是，自稱曾經一天射殺三一八隻兔子！

康熙在位超過六十一年，是中國史上在位最久的皇帝。他勤政愛民，最讓百姓感念的是：宣佈永不加稅。明朝隨意加稅，不顧人民死活，康熙的做法和明朝形成強烈的對比。論起文治武功，古今帝王幾乎沒人可以和他相比。

雍正在位十三年，較他父親更為勤奮，他最為人稱道的是：廢除人頭稅，沒有土地的人不必繳稅。此外他廢除土司（土王）制度，改用流官治理，史稱「改土歸流」，使得西南地區不再成為化外。他還廢除「賤籍」，讓賤民不再受到歧視。

乾隆在位六十年，因為不敢多於自己的祖父（康熙），就禪位給嘉慶，又做了幾年太上皇。乾隆的治績不能和父親、祖父相比，但他繼承了龐大的家底，足以供他揮灑。到了

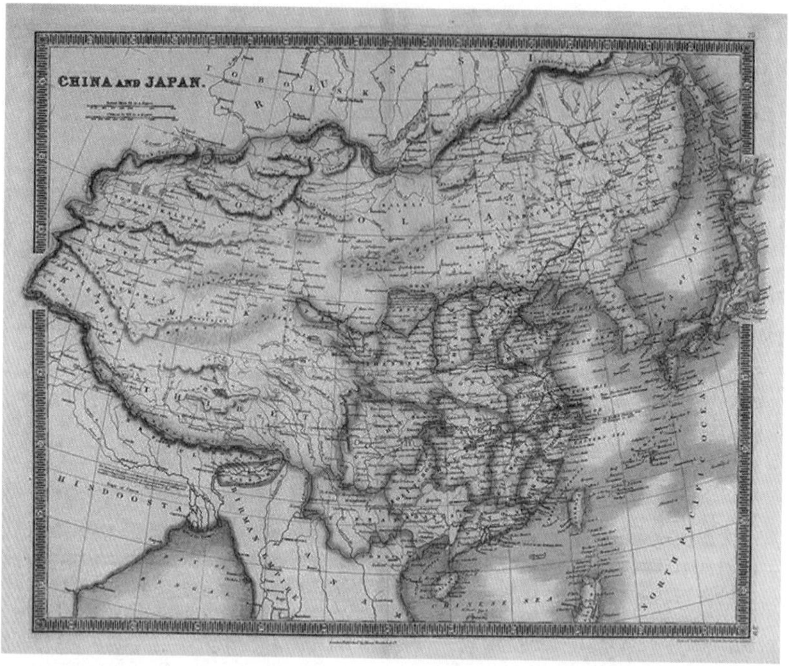

1844 年倫敦 Henry Teesdale & Co. 出版 World Atlas 之中國與日本地圖，Dower, John Nicaragua 繪製；顯示清代版圖遼闊。（維基百科提供）

乾隆中期，大清帝國達到極盛，
此後就逐漸走下坡。

滿清入主中國，薙髮易服和文字獄雖然戕害漢族的自尊，但就大歷史的角度來看，利弊得失卻很難說。明末時，中國的的版圖往東北只到山海關，往北不到內蒙古，往西不到新疆、青海和西藏。如果將滿清入主中國比做嫁娶，那麼滿清帶來的「嫁妝」實在太豐厚了。

滿清未入關以前，漠南蒙古（內蒙古）已奉皇太極為蒙古可汗，雙方世代聯姻，成為一家。所以滿清一入關，就帶進來東西伯利亞（今俄羅斯東方省）、東北和內蒙古。接下去的康熙、雍正、乾隆三朝，將矛頭指向漠北蒙古（喀爾喀）和漠西蒙古（衛拉特，明代稱瓦剌），前者的居地主要是現今的外蒙古（蒙古國），後者的居地主要是現今的新疆和青海一帶。

當時漠北的喀爾喀蒙古、漠西的衛拉特蒙古，各有若干「部」。康熙二十七年（一六八八），衛拉特的準噶爾部入侵喀爾喀，活佛哲布尊丹巴率領臣民逃往內蒙古，向清廷求援，開啟了歷經康熙、雍正、乾隆三朝的征討準噶爾戰爭。

康熙二十九年（一六九〇），準噶爾可汗噶爾丹率軍南侵，進至長城附近，京師震動，康熙御駕親征，大敗準噶爾。康熙三十四年（一六九六），噶爾丹再次入侵漠北，次年清軍兵分三路迎擊，康熙自率中軍，在今烏蘭巴托附近激戰，噶爾丹僅以身免，翌年勢蹇自盡。

康熙詔令喀爾喀各部返回居地，從此漠北蒙古併入清朝版圖。準噶爾退出喀爾喀後，繼位者繼續與清朝為敵，康熙五十五年（一七一六）準噶爾侵入西藏，至康熙五十九年才被清軍逐出，西藏正式納入版圖。雍正元年（一七二三），青海衛拉特的和碩特部舉兵反清，次年被清軍平定，設置西寧辦事大臣管理青海。雍正九年（一七三一），準噶爾曾大敗清軍；雍正十二年（一七三四），雙方議和，大致以阿爾泰山為界。

乾隆十年（一七四五），準噶爾發生內亂，不少部落相繼降清。清廷認為時機已到，乾隆二十年（一七五五），兵分兩路出擊，進佔伊犁，俘獲準噶爾可汗，準噶爾汗國滅亡，天山南北麓悉數併入清朝版圖。此後因為準噶爾叛服無常，乾隆下令悉數勦滅，準噶爾幾乎滅族。

原受制於準噶爾的回部，其領袖大小和卓趁機反清，乾隆二十四年（一七五九）兵敗西逃，遭巴達克山人擒獲，其亂遂平。乾隆命外籍宮廷畫師畫下十六幅圖，送到法國製成銅版畫，這就是有名的《平定準噶爾回部得勝圖》。乾隆又在伊犁樹立「平定準噶爾勒銘碑」，自題銘文，可見他對此事的重視。

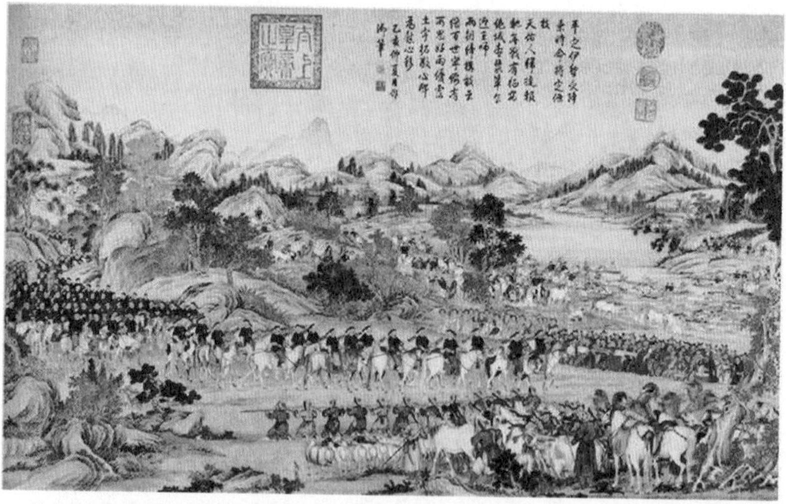

《平定準噶爾回部得勝圖》共十六幅，此為其中一幅：安德義繪〈平定伊犁受降圖〉，描繪乾隆二十年（1755）清軍進駐伊犁情形。上有乾隆御題詩。（維基百科提供）

故事還沒完。明代末年，漠西蒙古四大部之一的土爾扈特部，受到準噶爾壓迫，舉族遷往裡海一帶。其後俄羅斯東進，土爾扈特部受到壓迫，乾隆三十五年（一七七一）奉准自俄羅斯東歸，乾隆作〈伊犁將軍奏土爾扈特汗渥巴錫率全部歸順詩事〉，後半部為：

衛拉昔相忌，攜孥往海濱。
終焉懷故土，遂爾棄殊倫。

人口與外來作物

由於版圖擴大，長期承平，加上外來作物引入，清初人口開始激增。清兵入關時，全國約有四、五千萬人，至康熙二十年左右已破億，到了乾隆晚期已達三億。明季引進的外來作物，以原產中南美洲的番薯最為重要。據曾雄生《中國農業史》，番薯約萬曆年間（一五七三～一六一九）傳入中國，途徑有三，以福建長樂人陳振龍自呂宋引入者為主。崇禎年間，徐光啟曾大力推廣番薯，漸漸廣植大江南北，成為重要的糧食作物。據六十七（人名）《臺海采風圖考》卷二：「閩粵沿海田園，栽植甚廣，農民咸藉此以為半歲糧。」除了番薯，明季引進的新大陸作物還有玉米、馬鈴薯、南瓜、花生、辣椒等等。

十全武功

乾隆五十七年（一七九二），乾隆親撰〈十全武功記〉，自稱「十全老人」。依據〈十全武功記〉，十全武功是：「平準噶爾為二，定回部為一，掃金川為二，靖臺灣為一，降緬甸、安南各一，即今二次受廓爾喀降合為十。」平定準噶爾和回部，始有「新疆」的建制；平定廓爾喀，始確保西藏。這幾次用兵確有重大歷史意義。至於平定大小金川（今四川西北部）和臺灣林爽文之亂，不過是鎮壓民變；對緬甸、安南用兵，都沒取勝，算不上什麼武功。

弗受將為盜，俾安皆我民，
從今蒙古類，無一不王臣。

海濱，指裡海海濱；殊倫，異類，指俄羅斯。「從今蒙古類，無一不王臣」，說明到乾隆中葉，蒙古人已悉數成為大清子民，再也沒有叛亂情事發生。

苟利國家生死以，豈因禍福避趨之——鴉片戰爭

現今我們到別人家做客，主人通常會為我們泡茶或泡咖啡，賓客坐在沙發上談話。清末時，中上人家通常備有煙榻。客人來了，有煙癮的就請到煙榻上，吸足了鴉片，賓客斜躺著談話。

鴉片，又稱阿芙蓉，由罌粟提取，原是一種藥物，至遲明代中葉已傳入中國。大約清初已成為毒品，到了清中葉吸食者漸多，開始出現詠鴉片的詩。道光九年（一八二九），潮州知府黃霽青作《潮州樂府》詩十首，其中〈罌粟瘴〉描寫鴉片的為害情形：

……中此毒者甘如飴。床頭熒熒一燈小，竹筒呼吸連昏曉，渴可代飲饑可飽。塊土價值數萬錢，終歲但供一口煙。久之黧面聳兩肩，眼垂淚，鼻出涕，一息奄奄死相繼。

鴉片煙館的吸食者，取自 Archibald Little, The Land of the Blue Gown, London 1902.。（英文版維基百科提供）右側一人正以煙槍吸食，左側一人正在倒茶。

詩中的「塊土價值數萬錢，終歲但供一口煙」，意思是說：一小塊煙土值數萬枚銅錢，一年所得不過吸幾口煙。「土」，指「煙土」，罌粟的液汁收乾後，稱為煙土。詩中的「竹筒」，指煙槍，即吸食鴉片的煙斗。吸食者面目發黑，雙肩聳立，眼淚、鼻涕失禁，已奄奄一息。

大約十八世紀末，英國就開始從印度走私鴉片到中國，到了十九世紀規模日益擴大，引起朝野關注，道光皇帝命群臣提出對策，林則徐（一七八五～一八五〇）力陳嚴厲禁煙：「此禍不除，十年之後，不惟無可籌之餉，且無可用之兵。」道光任命林則徐為欽差大臣，到廣州查緝鴉片。

清朝繼承明朝的鎖國政策，到了乾隆年間進一步鎖國，只保留廣州作為通商口岸，外商只能前來廣州，英國人的鴉片當然是從廣州私運進口的。林則徐於道光十九年正月廿五日（一八三九年三月十日，以下行文概用陽曆）到達廣州，立即雷厲風行查封煙館、逮捕煙販，接著命令各國煙商限期交出鴉片，並具結以後不再販賣，否則貨物沒收，違者正法。

當時外國商人住在廣州的特許貿易區內，區內曾有十三家洋行，故稱「十三行」。林則徐限期交出鴉片，只有英國商人不肯配合。林則徐

從珠江望向廣州十三行，William Daniell 繪，作於 1805~1806。（英文版維基百科提供）

下令封鎖十三行，斷絕飲水和糧食供應，到了三月二十八日，英國駐華商務總監義律只好交出鴉片二〇二八三箱。英國商人被驅逐出境，義律帶領英國人撤到澳門。

林則徐將沒收的鴉片運到珠江口東岸的虎門（今屬東莞），六月三日起開始銷毀鴉片，到六月二十日銷毀完畢，共銷毀鴉片二百三十七萬餘斤。英國怎會善罷甘休！一八四〇年元月十六日，維多利亞女王在國會演說，強調正密切注意英國在華的國家利益及國家尊嚴。四月七日下議院通過對華軍事行動。同年六月，義律堂兄、海軍上將懿利率領的艦隊已到達中國。

林則徐像，取自《中國近代史參考圖錄》。(維基百科提供)林則徐諡文忠，因題林文忠公。

英國為鴉片發動不義之戰，理虧的當然是英國，不過從世界史的角度觀察，或許更能明白何以歷史會朝向不利於中國的方向發展。文藝復興（十四至十六世紀）之前，中國和西方各擅勝場，文藝復興使得西方人在學術上勝出；接下去的地理大發現（十五至十六世紀），使得西方人掠得大量土地和財富；十七世紀的科學革命，奠定工業革命的基礎；十八到十九世紀的工業革命，造就了以大量生產為基礎的資本主義。科學革命和工業革命的發源地正是英國！

十九世紀時，英國是全球最大、最強的資本帝國主義國家。資本帝國主義的行事方針是：如不能據為殖民地，至少要成為自己的市場。當時中國大約擁有世界三分之一的人口，和四分之一的生產總值（GDP），這樣龐大的市場，哪能不讓英國垂涎！

從十八世紀末（乾隆末年），英國人就想和中國建立貿易關係，無奈中國一向以天朝自居，沒有「國際」觀念，認為中國一無所缺，貿易純粹是嘉惠外人。當英國不能和中國正常貿易、走私鴉片又遭禁絕時，難免訴諸武力。

鴉片戰爭從一八四〇年夏開始，到一八四二年秋清廷求和為止，中國以帆船對付輪船，以刀槍弓箭對付火砲，雙方的陣亡比例是一百比一！中國戰敗，清廷被迫簽訂「南京條約」，割讓香港、開放五處港口通商、賠款白銀兩千一百萬兩，開啟了不平等條約的先河。

一些滿州親貴將戰敗責任推到林則徐身上，先是遭道光皇帝革除職務，接著遣戍新疆。道光二十二年（一八四二）七月初六，林則徐在西安和家人道別，隨口寫下〈赴戍登

鴉片戰爭海戰圖，Edward Duncan 繪，作於 1843 年。(維基百科提供)圖為 1841 年 1 月 7 日英軍攻打虎門情景，遠處可見英國鐵甲輪船，近處為中彈起火的中國水師帆船。此役清軍沉毀十一艘，死傷七百餘人。

程口占示家人〉：

力微任重久神疲，再竭衰庸定不支。
苟利國家生死以，豈因禍福避趨之。
謫居正是君恩厚，養拙剛於戍卒宜。
戲與山妻談故事，試吟斷送老頭皮。

這首詩最有名的是第二聯，意思是說：只要有利於國家就生死以赴，豈能因個人禍福而避後趨前。忠君愛國思想躍然紙上。

鴉片戰爭前，稍知外情者極少，林

則徐是其中之一。但限於時代局限，林則徐並不能洞悉英國亟欲打開中國市場的意圖。鴉片戰爭暴露了中國的弱點，列強侵漁接踵而至，中國無寧日矣！

馬戛爾尼使華

一七九二年，英國以祝賀乾隆八十大壽的名義，派遣馬戛爾尼出使中國。翌年八月，使節團經天津進入中國。九月十四日，在承德避暑山莊晉見乾隆，提出開放口岸、設立使館等請求，均遭乾隆拒絕。一七九四年三月，使節團經廣州離開中國，在華五個多月，中國虛實已盡在其眼中。馬戛爾尼回國後，向國會報告：「中國是一艘破舊的大船，……中國根本就沒有現代軍事工業，中國的軍事實力較英國落後三至四個世紀。」因此，鴉片戰爭之前，英國已穩操勝算。

宰相有權能割地，孤臣無力可回天——甲午戰爭

鴉片戰爭之前，東亞各國唯中國馬首是瞻，日本也不例外。鴉片戰爭後不久，日本詩人梁川星巖寫了一首詠史詩〈鴉片戰爭〉：

赤縣神州殆一空，可憐無個半英雄；
台灣流鬼無人島，切恐餘波及大東。

赤縣神州，中國的美稱。流鬼，堪察加半島一帶的古稱。大東，指日本。這首詩的意思是說：中國差不多完了，神州大地竟沒半個英雄人物；今後南北海上料將多事，餘波恐怕會波及日本。從這首詩可以看出，鴉片戰爭失敗，日本人開始瞧不起中國無人。

鴉片戰爭之後，中國的災難接踵而來。道光三十年（一八五一）爆發太平天國之亂，延續十二年，死了幾千萬人！咸豐六年（一八五六）又爆發英法聯軍之役，聯軍攻陷北京，焚燬圓明園。俄國趁火打劫，逼迫清廷割讓黑龍江以北、烏蘇里江以東約一百萬平方公里

的土地。光緒九年（一八八三）又爆發中法戰爭，中國失去藩屬越南。中國天朝大國的地位已蕩然無存。

日本土佐藩藩主、也是詩人的山內容堂，聽說英法聯軍攻陷北京，作〈英法聯軍陷北京〉：

誰教醜虜入燕城，八百八街膻氣腥。
開帙獨誦澹庵集，失聲欲罵小朝廷。

詩中的《澹庵集》，是南宋胡銓的文集，他曾上書宋高宗，請斬主張議和的秦檜。山內的詩一面痛罵「醜虜」（英法聯軍），一面暗指清廷有如南宋；詩人雖同情中國，但不齒中國向聯軍求和。

當日本知識份子密切注意西方勢力東進時，一八五三年美國艦隊開到日本。日本人知道無法抵抗，就和美國簽訂條約，同意開放口岸。其他國家相繼跟進，簽了不少不平等條約。日本以較開放的態度，化解了列強侵門踏戶，免於重蹈中國的覆轍。

一八六八年，明治天皇登基，隨即展開維新運動，有計劃的學習西方，日本教育家福澤諭吉甚至提出「脫亞入歐」的口號。明治維新使得日本成為現代化國家，也成為軍國主義侵略者。一八七九年，日本兼併中國的屬國琉球，改名為沖繩，中國無力保護。接著將侵略目標指向中國的藩屬朝鮮，引發甲午戰爭。

光緒二十年（一八九四）春，朝鮮發生內亂，日軍藉機發動戰爭，中國和日本正式開戰，這年歲次甲午，史稱甲午戰爭。

日本明治維新後不久，「征韓論」即甚囂塵上。韓國（朝鮮）地處中國和日本之間，日本要想圖謀中國，非得佔有朝鮮不可。一八九四年夏，日本不宣而戰，中國一開始就陷入被動。

為了這場戰爭，日本處心積慮已久，舉國上下團結一致。中國方面，似

倫敦 Punch 週刊（1894 年 9 月 29 日）所繪漫畫，顯示「小」日本，擊敗「大」中國。（英文版維基百科提供）

黃海戰役圖，浮世繪畫師小林清親、井上吉次郎繪，作於 1894 年。（維基百科提供）

乎只是北洋大臣李鴻章一人的事。自光緒十四年（一八八八）北洋海軍建軍，到甲午開戰從沒添購過艦艇，彈藥也嚴重不足。要說國家沒錢，慈禧太后竟花費幾千萬兩白銀重修頤和園！戰爭見出真章，北洋艦隊被日本聯合艦隊殲滅，駐守朝鮮的中國陸軍全面潰敗，日本更登陸遼東半島和山東半島，佔領旅順、威海衛，至此中國只有求和一途。

一八九五年四月十七日，清廷與日本簽訂《馬關條約》，將台灣、澎湖割讓給日本。消息傳來，台灣人民群情激憤，官員與士紳合作，五月二十五日宣佈成立「台灣民主國」，年號「永清」，推舉巡撫唐景崧為大總統，進士邱逢甲為副總統，中法戰爭時的名將劉永福為大將軍，展開自力救濟。

五月二十九日，前來接管的日軍在澳底登陸。六月四日唐景崧棄職潛逃，劉永福成為第二任大總統。邱逢甲見局勢不可為，攜眷返回原籍廣東嘉應，臨走作〈離台詩〉：

宰相有權能割地，孤臣無力可回天；
扁舟去作鴟夷子，回首河山意黯然。

宰相，指負責和日本議和的李鴻章。鴟夷子，即范蠡，相傳勾踐滅吳後，謀臣范蠡改名鴟夷子皮，攜帶西施泛舟而去。這首〈離台詩〉傳誦一時，寫下台灣本土知識份子的無奈與悲憤。

臺灣民主國藍地黃虎旗摹本，國立臺灣博物館藏。（維基百科提供）

劉永福抵抗至十月二十日也逃往大陸。十月二十三日，日軍控制全台。各地義軍民兵和日軍周旋約五個月，犧牲約一萬四千人。

日本殖民台灣五十年，直到二戰戰敗才歸還中國。一九三〇年代的小學課本，有這樣一課：「**台灣糖，甜津津，甜在嘴裡苦在心，甲午一戰我軍敗，從此台灣歸日本。**」唱出國人的椎心之痛。

水清終有竭，倒戈逢八月——武昌起義清帝退位

甲午之戰，清廷被迫簽訂喪權辱國的馬關條約，有識之士開始思索：中國建設新式國防工業和海軍已有三十多年，怎會被貧窮小國日本打敗呢？

鴉片戰爭戰敗，以及接踵而來的內憂外患，使得有識之士逐漸覺醒：中國唯有學習洋人的軍事工業才能強國（師夷之長技以制夷）。於是從一八六一年起，從朝廷到地方興起「洋務運動」。

洋務運動的具體成果是：設立許多新式兵工廠，仿造西式槍砲，甚至自製艦艇；建成四支海軍，特別是北洋艦隊，擁有亞洲噸位最大的軍艦。然而，努力了三十多年，甲午一戰卻一敗塗地！

廣東人孫文（一八六六～一九二五）認為，中國戰敗是因為清廷腐朽顢頇，所以必須推翻滿清。孫文，字逸仙，在日本時曾自稱「中山樵」，後來國人稱他中山先生。一八九四年十一月二十四日，孫文在檀香山成立革命組織興中會，提出「驅逐韃虜、復興

興中會成立畫像，中國國民黨黨史館典藏。

中華」的政治主張，點燃了革命火種。

另一位廣東人康有為（一八五八～一九二七）認為，日本戰勝，是因為君主立憲。一八九五年五月二日，康有為和他的學生梁啟超，聯合進京考試的舉人一千多人，上書光緒皇帝，史稱「公車上書」，建議變法，實施君主立憲。

一八九八年（歲次戊戌）六月，光緒皇帝起用康有為和梁啟超，展開變法，但不旋踵慈禧太后發動政變，史稱「戊戌政變」，維新運動慘遭摧折。維新失敗，使得同情革命的人逐漸增多。一八九九年秋，孫文作七言絕句〈詠志〉：

萬象陰霾掃不開，紅羊劫運日相催；
頂天立地奇男子，要把乾坤扭轉來。

這首詩相當白話。「紅羊」，指國家遭逢大難。古人認為，每逢丙午、丁未，就會有禍事發生；丙丁屬火（紅），未屬羊。全詩的意思是說：清廷已無可救藥，為免劫難，就得推翻滿清，扭轉乾坤！

興中會成立後，策動過兩次起義，雖然都失敗了，卻點燃了多處革命火炬，其中最重要的是湖南的華興會，和江浙的光復會。

一九〇四年，華興會起事失敗，領導人黃興（一八七四～一九一六）逃到日本，不久就成為留學生領袖。翌年孫文從歐洲來到日本，兩位革命領袖會面，決定將興中會和華興會合併，成立同盟

華興會部分領導人，前排左一黃興，左四宋教仁，1905年攝於東京。（維基百科提供）

中國女權運動先驅——秋瑾

秋瑾（一八七五～一九〇七），浙江紹興人，中國女權運動先驅。出身官宦家庭，十九歲時嫁給湖南人王廷鈞。王廷鈞捐了個戶部郎中職務，夫妻倆來到北京。她在京期間已有大志，試看她的〈滿江紅〉上片：「小住京華，早又是、中秋佳節。為籬下、黃花開遍，秋容如拭。四面歌殘終破楚，八年風味徒思浙。苦將儂、強派作蛾眉，殊未屑！」光緒三十年（一九〇四），她把兩個孩子交給先生，毅然前往日本留學。到了日本，先加入光復會；同盟會成立時又應邀加入，成為革命領袖之一。光緒三十二年回國，在上海創辦《中國女報》，大力提倡女權。光緒三十三年春，回到故鄉紹興，擔任大通學堂校長，創立光復軍，和在安徽的徐錫麟遙通聲氣，圖謀大舉。同年五月，徐錫麟起事失敗；六月，秋瑾被捕，從容就義。秋瑾也是國史上最重要的女詩人之一，參加革命後，詩風完全沒有閨閣氣，試看她的長詩〈寶劍歌〉前八句：「炎帝世系傷中絕，茫茫國恨何時雪？世無平權只強權，話到興亡眥欲裂。千金市得寶劍來，公理不恃恃赤鐵。死生一事付鴻毛，人生到此方英傑。」她被補後，滿清官員逼她寫供詞，她只寫了「秋風秋雨愁煞人」七個字，滿腔心事盡在其中。

黃花崗七十二烈士墓，Pedist 攝。（維基百科提供）

會。光復會多數成員也加盟了，又吸收了各省的革命人士，黃興將總理一職推讓給孫文，自願接受孫文的領導。

同盟會成立後，孫文繼續四處奔走，為革命宣傳、募款，實際行動大多由黃興負責。到了一九一〇年，同盟會已發動過七次革命，都沒成功。這年十月，孫文召集幹部在馬來西亞的檳城開會，決定集合同盟會菁英，孤注一擲，於是爆發了震驚天下的廣州黃花崗之役。

一九一一年（歲次辛亥）三月二十九日下午五時三十分，黃興率領敢死隊發難，戰鬥了一夜，終因寡不敵眾失敗。黃興右手中彈，打斷中指和食指。事後，收殮遺骸七十二具，合葬於黃花崗，史稱

「黃花崗七十二烈士」。

黃興擅詩詞，黃花崗之役失敗後填詞〈蝶戀花・弔黃花崗〉：

轉眼黃花看發處，爲囑西風，暫把香籠住。待釀滿枝清豔露，和風吹上無情墓。

回首羊城三月暮，血肉紛飛，氣直吞狂虜。事敗垂成原鼠子，英雄地下長無語。

上片藉寫蕭瑟意象，下片回憶慘烈戰況。「羊城」，廣州別稱。「鼠子」，膽小之輩。此役原計劃分四路進軍，但一路彈藥沒及時運到，兩路臨陣退縮，只有黃興率領的一路按計畫行動，難怪他會說「事敗垂成原鼠子」了。

革命起義一再失敗，有些同志認為，是因為選錯了起義地點。在兩廣起義，好處是清廷鞭長莫及，壞處是不易傷到清廷要害。華興會副會長、同盟會重要領導人宋教仁曾提出革命三策，認為華北革命是上策，華中革命是中策，華南革命是下策，無如華北保守，故以華中為宜。黃興也認為應選擇華中。

一九〇七年，孫武、焦達峰等在東京的同志成立了一個同盟會分支組織——共進會，擬定兩項方針：在華中起事，策動新軍。甲午戰後，清廷開始編練新式陸軍（新軍），有不少知識青年和留學生加入，他們讀過書、見識廣，不致一味愚忠。革命從策動會黨到策動新軍，無疑是一大躍進。

黃花崗之役失敗後，宋教仁來到香港，想和黃興商討善後事宜，當他們看到心灰意冷的慘狀，決定獨立行動。一九一一年，宋教仁、譚人鳳、陳其美等在上海成立同盟會中部總會，將革命重心移向華中。

在共進會和中部總會的策動下，華中各地的革命組織迅速連成一氣，華中的新軍大多被革命黨人滲透。一九〇九年，武漢三鎮新軍成立革命組織文學社，和共進會同為武昌起義的兩個核心組織。

一九一一年五月，爆發「保路運動」，其中四川最為激烈，清廷急忙調遣湖北的新軍入川鎮壓，導致湖北兵力空虛，革命黨人決定趁機起義。一九一一年九月二十四日，文學社與共進會在武昌召開會議，議定組建起義總指揮部，文學社負責人蔣翊武被推為總指揮，共進會負責人孫武被推為參謀長，起義日期訂為十月十六日。

十月九日，孫武在漢口俄租界秘密製造炸彈時發生事故，驚動了俄國巡捕，被搜出文件、旗幟等，湖廣總督聞訊下令全城戒嚴，當晚有三位黨人被捕，十日晨即被斬首。

三位黨人被殺，激起憤慨。十月十日晚間七時許，新軍工程第八營兵變，該營共進會代表熊秉坤立即鳴笛集合，正式宣布起義，第二天天亮前，就佔領了武昌。

黃興得到消息，作詩〈致譚人鳳〉：

懷錐不遇粵途窮，露布飛傳蜀道通。
吳楚英雄戈指日，江湖俠氣劍如虹。
能爭漢上為先著，此復神州第一功。
愧我年年頻敗北，馬前趨拜敢稱雄。

此詩起手慨嘆廣州之敗讓他心灰意冷，接著敘寫接獲捷報的欣喜，稱頌吳楚同志的英勇，以及奪取武漢的睿智，後兩句自謙年年敗北，不敢自稱英雄。

十月二十八日，黃興由上海到達漢口，出任中華民國軍政府戰時總司令，指揮民軍與清軍作戰。接著各省紛紛響應，一九一二年元月一日，中華民國臨時政府在南京成立，孫中山被推舉為臨時大總統。二月十二日，清帝退位，

武昌起義成功，1911 年 10 月 11 日於武昌成立中華民國軍政府鄂軍都督府，扮演中華民國軍政府的角色。（維基百科提供）

1912年1月1日上海慶祝民國改元，街上飄揚民國國旗五色旗。（取自《東方雜誌》第八卷第十一號，維基百科提供）

結束了兩千多年的帝制。

預言書《推背圖》第三十七象，繪一大鬼救起一行將溺死的小孩，讖曰：

漢水茫茫，不統繼統；
南北不分，和衷與共。

頌曰：

水清終有竭，倒戈逢八月；
海內竟無王，半凶還半吉。

《推背圖》共六十四象，大多模稜，但以第三十七象對照武昌起義，卻洞若觀火。讖詞點出起事地點，頌詞點出新軍倒戈時間（十月十日為陰曆八月十九日）。滿清滅亡、建立共和的結果，竟是「半凶還半吉」！事實確實如此。辛亥武昌起義已過了一百多年，至今吉凶未卜。列祖列宗啊！我們什麼時候才能盼到海晏河清？

誌謝

依據因緣先後，首先要謝謝暢談文化公司的總編輯蕭淑美和《小達文西》的主編巫紅霏、編輯黃蘭婷、張瑞珊，她們給我機會，又容忍我連續寫了五年。「詩說歷史」欄目並不叫好叫座，這份情誼永誌不忘。

其次要謝謝老同事朱文艾女史，近三十年來我寫的東西幾乎都經女史過目。為《小達文西》寫的「詩說歷史」，寄交編輯部前大多寄給女史看過。今年六、七月間，又將統整過的稿件分成四批寄給女史校訂。這時女史家中有事，但我仍厚顏拜託，因為只有她看過我才放心。

再其次要謝謝台灣商務印書館的總編輯方鵬程、主編葉幗英和編輯徐平，若非他們青睞，本書不可能順利出版。從二〇一一年至今，《科學月刊》社和商務合作的「科普館叢書」已推出二十三種，我負責其中五種。藉著這套叢書牽線，我才結識方總編，所以也要謝謝《科學月刊》。

接著要謝謝賜序的著名詩人辛鬱（宓世森）。辛鬱長期擔任《科學月刊》社秘書，和我訂交近四十年。今年七月二十九日，我將書稿列印成兩大冊，寄給辛鬱兄，在信上說：「您懂詩，又最了解我，這序不找您寫，還能找誰？」若非幾十年老友，說話怎能這麼直接。

最後還要謝謝維基百科，本書配圖一百多幅，要是沒有這部「自由」（免費）的百科全書，配圖工作哪完成得了！

民國一〇二年八月二十五日於新店蝸居

新萬有文庫

詩說歷史

作者◆張之傑
發行人◆王春申
編輯指導◆林明昌
營業部兼任編輯部經理◆高珊
責任編輯◆徐平
美術設計◆吳郁婷

出版發行：臺灣商務印書館股份有限公司
23150 新北市新店區復興路43號8樓
電話：(02)8667-3712　傳真：(02)8667-3709
讀者服務專線：0800056196
郵撥：0000165-1
E-mail：ecptw@cptw.com.tw
網路書店網址：www.cptw.com.tw
網路書店臉書：facebook.com.tw/ecptwdoing
臉書：facebook.com.tw/ecptw
部落格：blog.yam.com/ecptw

局版北市業字第993號
初版一刷：2014年2月
初版二刷：2016年6月
定價：新台幣320元

ISBN 978-957-05-2910-4

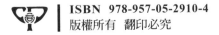

詩說歷史／張之傑 著. --初版. --臺北市：臺灣商務, 2014.02
面； 公分. --（新萬有文庫）

ISBN 978-957-05-2910-4（平裝）

1.中國史 2.通俗史話

610 102026742

廣 告 回 信
板 橋 郵 局 登 記 證
板橋廣字第1011號

免 貼 郵 票

23150
新北市新店區復興路43號8樓
臺灣商務印書館股份有限公司 收

請對摺寄回，謝謝！

傳統現代 並翼而翔

Flying with the wings of tradtion and modernity.

讀者回函卡

感謝您對本館的支持，為加強對您的服務，請填妥此卡，免付郵資寄回，可隨時收到本館最新出版訊息，及享受各種優惠。

姓名：＿＿＿＿＿＿＿＿＿＿ 性別：□ 男 □ 女

出生日期：＿＿＿＿年＿＿＿＿月＿＿＿＿日

職業：□學生 □公務（含軍警）□家管 □服務 □金融 □製造

□資訊 □大眾傳播 □自由業 □農漁牧 □退休 □其他

學歷：□高中以下（含高中）□大專 □研究所（含以上）

地址：＿＿＿＿＿＿＿＿＿＿

電話：(H) ＿＿＿＿＿＿ (O) ＿＿＿＿＿＿

E-mail：＿＿＿＿＿＿＿＿＿＿

購買書名：＿＿＿＿＿＿＿＿＿＿

您從何處得知本書？

□網路 □DM廣告 □報紙廣告 □報紙專欄 □傳單

□書店 □親友介紹 □電視廣播 □雜誌廣告 □其他

您喜歡閱讀哪一類別的書籍？

□哲學・宗教 □藝術・心靈 □人文・科普 □商業・投資

□社會・文化 □親子・學習 □生活・休閒 □醫學・養生

□文學・小說 □歷史・傳記

您對本書的意見？（A/滿意 B/尚可 C/須改進）

內容＿＿＿＿編輯＿＿＿＿校對＿＿＿＿翻譯＿＿＿＿

封面設計＿＿＿＿價格＿＿＿＿其他＿＿＿＿

您的建議：＿＿＿＿＿＿＿＿＿＿

※ 歡迎您隨時至本館網路書店發表書評及留下任何意見

臺灣商務印書館 The Commercial Press, Ltd.

23150新北市新店區復興路43號8樓 電話：(02)8667-3712

讀者服務專線：0800-056196 傳真：(02)8667-3709

郵撥：0000165-1號 E-mail：ecptw@cptw.com.tw

網路書店網址：www.cptw.com.tw 網路書店臉書：facebook.com.tw/ecptwdoing

臉書：facebook.com.tw/ecptw 部落格：blog.yam.com/ecptw